W0051898

Knaur.

Über den Autor:

Manfred Dimde, geboren 1941, gilt als einer der führenden deutschen Grenzwissenschaftler und ist einem breiten Publikum u. a. durch seine aufsehenerregenden Deutungen der Prophezeiungen des Nostradamus bekannt. Er lebt in der Nähe von Münster/Westfalen.

www.nostradamus-dimde.de

Manfred Dimde

NOSTRADAMUS

Die dritte Prophezeiung

Seine Weissagungen für
die Weltschicksalsjahre
2011 – 2014

Knaur Taschenbuch Verlag

Besuchen Sie uns im Internet:
www.knaur.de

Originalausgabe April 2011
Knaur Taschenbuch.
Copyright © 2011 by Knaur Taschenbuch.
Ein Unternehmen der Droemerschen Verlagsanstalt
Th. Knaur Nachf. GmbH & Co. KG, München.

Bearbeitung: Jens Brandt
Redaktion: Thomas Bertram
Umschlaggestaltung: ZERO Werbeagentur, München
Umschlagabbildung: FinePic®, München
Illustrationen: Archiv Dimde
Satz: Adobe InDesign im Verlag
Druck und Bindung: CPI – Clausen & Bosse, Leck
Printed in Germany
ISBN 978-3-426-78320-7

2   4   5   3   1

Inhalt

Vorwort

Liebe Leserinnen und Leser,

seit 1983 befasse ich mich mit dem Seher Nostradamus. Ich werde jetzt siebzig Jahre alt, habe also aus der Weltsicht des Nostradamus das natürliche Alter eines Menschen erreicht. Mit diesem Buch schließt sich nun für mich der Kreis meiner Veröffentlichungen, die sich mit der Entschlüsselung der Texte des Nostradamus befassen. Eine neue Generation möge ab jetzt die Fäden aufnehmen und da weitermachen, wo ich aufgehört habe. Was mich selbst betrifft, so werde ich mich in den nächsten Jahren allenfalls noch mit den mir bereits vorliegenden Texten befassen und mich den kommenden Zeiten im dritten und vierten Jahrtausend christlicher Jahreszählung widmen. Dabei treibt mich aber eher Neugier denn wissenschaftliches Interesse an, künftige Geschehnisse genauer zu erkunden.

Vor Ihnen liegt der Prophezeiungstext des Nostradamus für das 21. Jahrhundert, wie er ihn uns in 25 Textblöcken hinterlassen hat. Ausführlicher und genauer kann man seine Voraussagen nirgends nachlesen. Allerdings gibt es, was diese Voraussagen angeht, eine Einschränkung, die es uns nicht einfach macht, sie zuzuordnen: Für diese Seherberichte gilt nämlich, dass sie ohne Zeitangaben niedergeschrieben wurden, was bei genauerem Hinsehen jedoch verständlich ist, denn es lag Nostradamus am Herzen, dass nicht etwa Zufallsentschlüsselungen Angst und Schrecken unter den Menschen verbreiteten und weiter verbreiten. »Man wird die Ereignisse erkennen, wenn sie dabei sind, sich zu vollenden ...«, schrieb Nostradamus vor 450 Jahren, damit Frauen und Kinder sich nicht ängstigen.

Für uns Menschen des 21. Jahrhunderts sind viele Inhalte der Sehertexte, die für unsere Zeit bestimmt sind, bereits zu erkennen. Man meint zu erahnen, wo – und durch wen verursacht – sie sich vollenden werden. Diesem Buch, das sich diesen Texten widmet, habe ich den Titel *Die dritte Prophezeiung* gegeben, weil der Seher in der »Gebrauchsanweisung«, die er an anderer Stelle zur Wieder-Entschlüsselung seines nach alten Methoden verschlüsselten Werkes geliefert hat, auf die »dreifach gebrochene Rute« hinweist. Mir selbst war dieser Hinweis zwar schon seit 1983 bekannt, doch blieb er lange Zeit wertlos für mich, weil ich damals nicht genau wusste, welche der vielen Texte nun genau das 21. Jahrhundert beschreiben. Nach jahrelanger Forschung weiß ich heute jedoch, dass es die Texte der X. Centurie sind, die sich auf das 21. Jahrhundert, also auf die Jahre von 2000 bis 2099, beziehen.

Im Jahr 1986 präsentierte ich mein erstes Buch zu dem Thema, *Nostradamus entschlüsselt,* in dem ich erstmals auf die Gebrauchsanweisung hinwies. Das Interesse in Deutschland war indes gering, wohl, weil die intensive Beschäftigung mit einem altfranzösischen Text sehr mühsam ist. In Frankreich dagegen, dem Herkunftsland des Sehers, gibt es seit jeher ein »Bemühen des Staates«, die Autoren, die sich mit Nostradamus befassen, durch sanften Druck von ihrer Arbeit abzuhalten. Wer sich nicht daran hält und trotzdem forscht und publiziert, der findet sich alsbald im »Keller« dieses Kulturlandes wieder. Gestattet ist praktisch nur der Abdruck der Originaltexte oder allenfalls eine kurze Einführung und die Wiedergabe des Lebenslaufs des alten Meisters aus Salon-de-Provence.

Ich selber stand im Jahr 1986 vor der Entscheidung, die Ergebnisse meiner Arbeit entweder mit entschlüsselten Texten ohne Zeitangaben zu veröffentlichen oder aber sofort die einfache Zuordnung von Zeit und Text vorzunehmen. Ich habe mich nach reiflicher Überlegung zu Letzterem durchgerungen. Heute nun vervollständige ich meine bisherige Arbeit mit der Veröffentlichung des Textes, der sich aus der »dreifach gebrochenen Rute« ergibt.

Vier große Ereignisse bzw. Veränderungen werden, so viel sei an dieser Stelle bereits vorweggenommen, das 21. Jahrhundert prägen:

- der Dritte Weltkrieg
- die unbegrenzte Energie zum Nulltarif
- das Erlöschen der Sonne für drei Tage
- die Möglichkeit, dreihundert bis vierhundert Jahre alt zu werden

Neben den Prophezeiungen möchte ich Ihnen in diesem Buch noch eine andere Seite des Sehers aus Salon-de-Provence vorstellen: Nostradamus war Arzt (und zwar nicht irgendein Arzt!), und er heilte nicht nur nach den besten seinerzeit bekannten Methoden, sondern machte sich auch Gedanken darüber, wie angesichts der von ihm vorausgesehenen Ereignisse die Medizin der Menschheit in fernen Zeitaltern beistehen könnte. Im vorletzten Kapitel werde ich einige Beispiele dafür liefern, wie diese »Notfallapotheke« des Nostradamus uns und den nachfolgenden Generationen noch nützen kann.

Abschließend möchte ich Ihnen, liebe Leserinnen und Leser, auch ein weiteres Ergebnis meiner Forschungen nicht vorenthalten: Sie werden in diesem Buch erfahren, dass der Lebenslauf des »Michel de Nostredame« im Auftrag der französischen Königin Katharina von Medici gefälscht wurde. Viele mag dies überraschen, aber in der Renaissance und im Mittelalter war es durchaus gängige Praxis, den Menschen und seine Funktion grundsätzlich getrennt voneinander zu sehen. Ein König lebte die Funktion eines Königs. Dankte er ab, beendete er damit sein Leben in dieser Funktion. Er starb zwar als König, setzte aber sein Leben als Mensch unter einem anderen Namen fort. Diese Praxis ist auch aus Klöstern bekannt. Ein Mensch tritt in einen Orden ein und ändert nach der letzten Weihe, dem letzten Gelübde etc. seinen Namen. Er stirbt als Mensch und lebt in einem anderen Leben zum Beispiel als »Mönch Antonius« weiter.

So geht es also auch hier um die Frage, ob Nostradamus zu Beginn seiner Laufbahn etwa gar nicht der einfache Landarzt war, als der er bislang stets beschrieben wurde, sondern in Wirklichkeit der rechtmäßige französische Thronfolger, der auf seine Königswürde verzichtete, um einen Erbfolgekrieg zu verhindern. Nur so viel sei an dieser Stelle gesagt: Es spricht vieles dafür. Eine endgültige Antwort mögen eines Tages die Experten geben.

Manfred Dimde

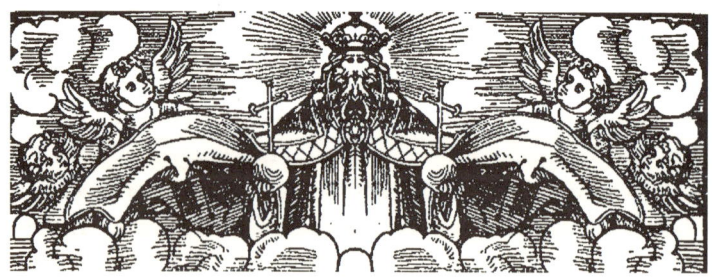

1 Der ausführliche Prophezeiungstext des Nostradamus

Die versteckte Gebrauchsanweisung

Zu Beginn dieses Buches sollte ich den Leserinnen und Lesern, die noch gar nicht mit der Nostradamus-Auslegung vertraut sind, erklären, wie es gelungen ist, zu einem tieferen Verständnis der lange Zeit als kryptisch geltenden, weil (scheinbar zu) kunstvoll verschlüsselten Prophezeiungen des Nostradamus zu gelangen. Die Antwort auf diese Frage hat Jahrhunderte auf sich warten lassen, ist aber denkbar einfach: Nostradamus hat in den lateinischen Floskeln seiner Briefe an seinen Sohn César und an Heinrich II. eine »Gebrauchsanweisung« versteckt! Sie ist nun schon seit 1983 bekannt und wurde von mir in den Jahren 1985/86 erstmals veröffentlicht. Einer der entscheidenden, den Durchbruch ermöglichenden Denkansätze war seinerzeit, dass Nostradamus mathematische Strukturen in seine Texte einwob, bevor diese dann – nur scheinbar willkürlich – vermengt und dadurch unverständlich gemacht wurden. Ein paar Verständnishilfen zu diesem Ansatz möchte ich Ihnen noch einmal vor Augen führen, bevor wir auf die eigentlichen Prophezeiungen eingehen.

Wenn wir uns heute ein Buch kaufen, dann entfernen wir die Schutzfolie, schlagen das Buch auf und beginnen zu lesen. Der Inhalt erschließt sich uns dann zumeist so leicht, dass wir geneigt sind zu übersehen, dass so mancher Autor Tage und Nächte mit sich rang, bevor er endlich die ihm richtig erscheinende Anordnung seines Stoffes fand. Bei den »Prophéties«

des Nostradamus ist das jedoch ganz anders: Liest man sie »einfach so«, dann versteht man erst einmal – nichts! Das liegt natürlich an ebenjener von ihm angewandten Verschlüsselungstechnik, die man nicht ohne weiteres »knacken« konnte. Kennt man jedoch die Gebrauchsanweisung, die der Seher seinem Werk – zugegebenermaßen unauffällig – beigegeben hat, dann erkennt man den geheimen Bauplan, nach dem er sein Buch bzw. dessen Einzelteile nach im Grunde unkomplizierten mathematischen Prinzipien ordnete.

Dabei unterteilte er das »Ganze« in genau zehn Einzelteile, die er wiederum in weitere hundert Teilchen zerlegte. Dabei entstand die folgende Systematik:

1 Buch > 10 Centurien zu 100 Vierzeilern > 1000 Vierzeiler = 1 Buch
Also: 1–10–100–1000–1!

Mir war schon immer als Besonderheit aufgefallen, dass Nostradamus nur sehr kleine Teile seines Werkes zweisprachig, das heißt auf Französisch und Latein, abgefasst hat: den Brief an seinen Sohn César und die Widmung an Heinrich II. Die Vierzeiler mit den eigentlichen prophetischen Texten sind nur in französischer Sprache geschrieben (mal abgesehen von ganz wenigen Eigennamen). Nur auf Latein abgefasst ist dagegen die Warnung an seine Kritiker zu Beginn der VII. Centurie.

Tatsächlich lag nun in der auffälligen Zweisprachigkeit des Rätsels Lösung. Das Ergebnis meiner Analysen mit Hilfe eines der ersten PC ergab im Jahr 1983, dass in den Lateinfloskeln der französisch-lateinischen Texte eine Gebrauchsanweisung für das Gesamtwerk enthalten ist. Bei dieser Gebrauchsanweisung handelt es sich um eine sich selbst öffnende, das heißt, die ersten lateinischen Wörter liefern eine Anweisung, wie mit den nachfolgenden Wörtern zu verfahren sei, um deren Sinn zu entschlüsseln. Für künftige Nostradamus-Forscher möchte ich hier die lateinischen Originaltexte notieren, wie sie sich an den betreffenden Stellen lesen lassen. Wenn Sie aus den Wörtern Buchstabenketten bilden und diese zu sinnvollen Worten zerlegen, werden Sie schnell ins Staunen geraten, wie raffiniert Nostradamus formuliert hat!

Wer des Lateinischen kundig ist, störe sich im Übrigen nicht an der sprachlichen Unvollkommenheit dieser Floskeln. Sie wurden nicht aus Unkenntnis der Sprache so formuliert, sondern weil sich die Sprache dem verborgenen Sinn der Gebrauchsanweisung beugen musste, der in dieser Form besser aus den Buchstabenketten ausgelesen werden kann.

Der lateinische Text

1. M Nostradamus
2. Ad Caesarem Nostradamum Filium
3. Soli numine divino afflari praesagiunt et spiritu prophetico particularia
4. Nolite sanctum dare canibus nec mittatis margaritas ante porcos, ne conculcent pedibus et conversi dirumpant vos
5. Abscondisti haec a sapientibus et prudentibus id est potentibus et regibus et enucleasti ea exiguis et tenuibus
6. Quia non est nostrum noscere tempora nec momenta
7. Propheta dicitur hodie, olim vocabatur videns
8. Quia omnia sunt nuda et aperta
9. Possum non errare, falli, decipi
10. Non inclinabitur in saeculum saeculi

11. Visitabo in virga ferrea iniquitates eorum et in verberibus percutiam eos
12. Conteram ergo et confringam et non miserebor
13. In soluta oratione
14. Sed quando submovenda erit ignorantia

Hier endet der Brief an César, und es beginnt die Widmung an Heinrich II.

15. Minerva libera et non invita
16. Quod de futuris non est determinata omnino veritas
17. Tripode aeneo
18. Effundam spiritum meum super omnem carnem et prophetabunt filii vestri et filiae vestrae
19. Fato, Deo, natura
20. Per tempus et in occasione temporis
21. Ut audiret gemitus compeditorum, ut solveret filios interemptorum
22. Bellis rubuit navalibus aequor
23. Sancta sanctorum
24. Multa etiam, o rex omnium potentissime, praeclara et sane in brevi ventura, sed omnia in hac tua epistola innectere non possumus nec volumus: sed ad intelligenda quaedam facta horrida fata pauca libanda sunt, quamvis tanta sit in omnes tua amplitudo et humanitas homines deosque pietas, ut solus amplissimo et Christianissimo Regis nomine, et ad quem summa totius religionis auctoritas deferatur dignus esse videare
25. Faciebat Michael Nostradamus Salonae Petreae Prouinciae

Es handelt sich, wie gesagt, um ein sehr primitives Latein, in dem praktisch nur religiöse Phrasen aufgeführt sind. Nicht ganz zu Unrecht wurde es von Kritikern als »Küchenlatein« verspottet. Viele Autoren haben Nostradamus auch unterstellt, als »Provinzler« sei er des Lateinischen wohl wenig mächtig gewesen. Heute jedoch ist klar, dass das unbeholfen anmutende Latein eher der Kodierung geschuldet ist, mussten hier doch zwei Anforderungen gleichzeitig erfüllt werden: Das Latein musste sich der exakten Kodierung unterordnen und trotzdem einen Sinn ergeben.

Seinerzeit galt es nun für mich, Textkette für Textkette die Inhalte auszulesen und auf den Gesamttext anzuwenden. Nicht ohne Herzklopfen fand ich so heraus, dass uns Nostradamus hier erklärt, wie er die Zeitangaben vom Text trennte und auf welche Weise man die Zeit wieder dem Text hinzufügen kann.

Die Lösung ist eigentlich gar nicht so kompliziert: Da gibt es einmal die Nummer der jeweiligen Centurie, die für ein Jahrhundert steht, und dann ganz einfach die von 1 bis 100 reichende Numerierung der Vierzeiler, die innerhalb der Centurie das jeweilige Jahr angibt!

Mir war nun, wie schon erwähnt, aus dem 15. Latein-Einschub der Hinweis auf die »dreifach gebrochene Rute« bekannt. Ich habe diese Anweisung denn auch bereits im Jahr 1985 in meinem ersten Buch (*Nostradamus entschlüsselt*) veröffentlicht, diesen Weg aber damals nicht weiterverfolgt. Und zwar weil es mir seinerzeit zunächst darum ging, die Texte zu übersetzen, die sich zeitlich zuordnen ließen. Nostradamus teilt uns nämlich in seiner Gebrauchsanweisung mit, dass die Texte, die sich aus der »dreifach gebrochenen Rute« ergeben, erst unmittelbar vor dem Eintritt des vorhergesagten Ereignisses zu identifizieren sein werden, weshalb sie für mich in jener Phase uninteressant waren. Das hat sich mittlerweile natürlich geändert, denn jetzt weiß ich ja, wie man die Zeit zuordnen kann, und da will ich selbstverständlich Genaueres wissen.

Die »dreifach gebrochene Rute«

An dieser Stelle möchte ich noch einmal auf jene Zeit zurückblicken, als ich erstmals auf das Geheimnis der »dreifach gebrochenen Rute« stieß. Ich blättere also in *Nostradamus entschlüsselt* und lese noch einmal die entsprechende Anweisung (S. 487), die Sie hier abgedruckt finden. Achten Sie besonders auf den kursiven Satz:

»15. Satz vorwärts gelesen:

QUODDEFUTURISNONESTDETERMINATAOMNINOVERITAS

1. Wer wie und auf welche Weise die 50 verschmäht.
   500 + 500.
   De facto nimm das wertlose ›F‹ in den meisten Fällen weg.
   Geschieht dies wo immer in jeder beliebigen Zeit, und du wirst das heilige Gebäude der Weissagung entflammen. Lache!

2. Wer die unstete Sequenz-Zahl nicht hat, belädt die Weissagung.
   Für den Wissenden ist sie vorhanden, und er wird die Sequenz zum Vorschein bringen, auch ohne die Zeit.

Weg von der Zeit, und du hast den dreimal abgeschnitte-
nen Zweig abgegrenzt.

3. Der verwaiste Bezirk der Weissagung, mein Freund, ist
   ohne die Zahl unzugänglich.

Füge A zu A zu A;
A + 0 1 + 0. Das ist alles.
Potztausend, die Sequenz!

KOMMENTAR:
Abschnitt 1:
Zeile 1:   Ein Hinweis auf die große Texttafel 144 000.
Zeile 2:   Ein Hinweis, wie mit dem Buchstaben zu ver-
            fahren ist.

Abschnitt 2:
Hier geht es erneut um die Prüfzahlen für die Sequenzen.
Ferner um die ›dreifach gebrochene Rute‹ bzw. hier wört-
lich den ›dreimal abgeschnittenen Zweig‹. Achtung, die
Doppeldeutigkeit feiert hier wieder einen Triumph! No-
stradamus sagt uns, dass das Werk aus vier Teilen besteht.
Brechen Sie doch mal einen Zweig dreimal, wie viele Teile
haben Sie in der Hand?«

Hier endet das Zitat aus meinem Buch von 1985/86. Wo aber
findet sich nun in den »Prophéties« eine Rute? Und was soll
diese »Rute« überhaupt sein? Ohne die Einzelelemente des
Buches von Nostradamus zu kennen, ist es nicht möglich,
diesen Ausdruck zu dechiffrieren und diese Fragen zu beantworten. Um Ihnen die Mühe einer langatmigen Ableitung zu
ersparen, will ich es kurz machen.

Erstens: Das Buch enthält zehn »Ruten«, denn die hundert Vierzeiler einer jeden Centurie bilden für Nostradamus eine solche, und zwar dann, wenn man die von 1 bis 100 durchnumerierten Texte untereinander, also senkrecht, schreibt. Genau genommen wurden sie ja nur in das Format eines Buches gezwängt, indem man jeweils fünf bzw. sechs Vierzeiler untereinander auf einer Buchseite anordnete und dann auf der nächsten Seite ebenso verfuhr.

Zweitens: Alles ist Mathematik bei Nostradamus. Er gibt uns die Anweisung, dass die Rute dreimal zu brechen sei. Auf den ersten Blick haben viele von uns den Eindruck, dass dadurch drei Teile entstehen. Das ist natürlich nicht der Fall:

_____ einmal _____ zweimal _____ dreimal _____

Denn dreimal gebrochen, ergeben sich selbstverständlich vier Teile! Wenn wir also die hundert Vierzeiler in vier gleichen Teilen zu je 25 Stück vor uns haben und sie nebeneinanderlegen, dann ergeben sich neue Inhalte, wenn wir sie Zeile für Zeile waagerecht lesen. Der Vierzeiler Nr. 100 wird dabei von Nostradamus als »0« gesehen.

Wir packen demnach die Vierzeiler einer Centurie (0 bis 24 – 25 bis 49 – 50 bis 74 – 75 bis 99) nebeneinander und lesen dann die Vierzeiler Zeile für Zeile quer.

Damit Sie dieses System schnell begreifen, finden Sie im Folgenden ein von mir konstruiertes Beispiel in deutscher Sprache mit einer völlig frei erfundenen Textversion:

0	25	50	75
Der König freut sich	über den See	wo Vögel ziehen	die Erde wird kalt
Weil Paris brennt	hört man Schreie	steigt Rauch auf	und Blumen welken
Nebel über dem Land	entstehen werden	goldene Häuser	für die neue Zukunft
Verdecken das Leid	die neuen Menschen	können sie bauen	um zu vergehen

Lesen Sie bitte die erste Zeile dieser vier Päckchen waagerecht:

»Der König freut sich über den See wo Vögel ziehen die Erde wird kalt«

Der so gelesene Text ergibt einen Sinn. Das wäre also der Text, welcher der dritten Prophezeiung des Nostradamus zugrunde läge. Der Text der Vierzeiler senkrecht gelesen ergibt aber ebenfalls einen Sinn:

»(0) Der König freut sich, weil Paris brennt. Nebel über dem Land verdecken das Leid.«
»(25) Über den See hört man Schreie. Entstehen werden die neuen Menschen.«

Und ebenso geht es weiter bei 50 und 75! Jetzt war es für mich nur noch ein letzter Schritt, das Wissen, das ich mir in den letzten 25 Jahren angeeignet hatte, auf die Text- und Zeitzuordnung anzuwenden, die Rute des Nostradamus für das 21. Jahrhundert in vier gleiche Teile zu teilen, nebeneinanderzulegen und zu übersetzen …

Voilà, hätte der Meister gesagt!

VITIS VERA CHRISTVS

2 Michel de Nostredame: König der Seher – Seher der Könige

Seine Prophezeiungen zum 21. Jahrhundert in Stichworten

Im nächsten Kapitel werde ich Ihnen die 25 Textblöcke präsentieren, in denen Nostradamus seine Prophezeiungen für das 21. Jahrhundert hinterlegt hat. Auf der ersten Seite finden Sie jeweils den reinen Text, und zwar auf Deutsch in meiner Lesart. Auf den darauf folgenden Seiten lesen Sie dann bitte meine Anmerkungen und Deutungen. Für diejenigen unter Ihnen, die es gar nicht abwarten können zu erfahren, was uns und künftigen Generationen bevorsteht, hier schon einmal die wichtigsten Stichworte:

1. Niemand muss sich um das zum Leben Notwendige kümmern
2. Es herrscht ein Leben der Unterschiedslosen
3. Man kann mindestens dreihundert Jahre alt werden
4. Die Weltreligionen ändern ihre Glaubensansichten
5. Das Ende des Sozialismus, des Kapitalismus und des Händlertums
6. Die Großtat der Wissenschaft
7. Nutzt die Menschheit künftig einen Bestandteil der dunklen oder für uns unsichtbaren Materie zur Energiegewinnung?
8. Der Schlüssel zu Gesundheit und langem Leben ist die Urzelle

3 Die 25 Textblöcke der Prophe-
zeiungen für das 21. Jahrhundert

Abschnitt 1 von 25 für den Zeitraum von 2000 bis 2099

Ungeheuerliches verkündet Nostradamus für unsere unmittelbare Zukunft.

Hier der reine Text:

»Das große Reich des goldenen Zeitalters wird durch die Engel auf Erden errichtet werden. Von den Menschen lange erwartet, wird es niemals mehr wiederkehren. Die auf der Erde geborenen Seelen gebrauchen ihre Erdentage, um im Luxus zu leben. Hunderte von Siedlungen werden abgeschirmt.

Die Menschen haben an sich Noppen geöffnet. Der Lohn dafür ist, dass sie das Altern besiegt haben. Es ist die Zeit, in der für sie das Jahr nicht vergeht. Das Leben in diesen Jahren wird für sie mehr als 300 Jahre andauern. Die Grundlage hierfür wird in Europa gelegt, aber in Asien umgesetzt. Enthüllt wird der Grund für die Veränderung der Zellen sein, so dass drei Vorgänge in den Zellen nicht mehr stattfinden. Man wird die Veränderung zur Urzelle aus den heutigen Zellen entfernen. Dies wird jedoch große Konsequenzen für die Menschen haben, sowohl für die, die an Land leben, als auch für diejenigen, die im Meer leben. So sind die Berge überfüllt, die Dörfer, Städte und die abgeschirmten Siedlungen.

In der Religion wird es zu einer Veränderung der Sichtweise kommen. Die aus dem Licht (die Leuchtenden) werden damit nicht einverstanden sein. Aber alle Könige des Ostens werden sich dafür entscheiden, weil das Gold dann sintflutartig regnet. Für diese Veränderung sind die Leute um die große Grabstätte verantwortlich.«

Im ersten Abschnitt für das 21. Jahrhundert scheint Nostradamus auf große Umwälzungen hinzuweisen. Der Seher kündigt für dieses Jahrhundert eindeutig das »Goldene Zeitalter« an. In diesem Text haben wir aber keine exakten Zeitangaben von ihm zu erwarten. Die Worte sind sehr eindeutig in ihren Aussagen und mussten daher von Nostradamus auf andere Art vor Zerstörung oder Manipulation geschützt werden. Wer aus meinen seit 1986 veröffentlichten Büchern auf Zeitangaben zurückgreifen kann, wird schnell den Zeitplan des Schicksals im 21. Jahrhundert erkennen.

Steht uns das Goldene Zeitalter bevor?

»Das große Reich des goldenen Zeitalters wird durch die Engel auf Erden errichtet werden. Von den Menschen lange erwartet, wird es niemals mehr wiederkehren. Die auf der Erde geborenen Seelen gebrauchen ihre Erdentage, um im Luxus zu leben. Hunderte von Siedlungen werden abgeschirmt.«

Es wird also kommen! Schon seit Jahrhunderten träumen die Eingeweihten von einer Zeit, in der die Menschen weder für ihr tägliches Brot arbeiten noch hungern müssen. Krankheiten werden ihnen unbekannt sein. Alle Menschen werden in Unterschiedslosigkeit leben, weil niemand das Recht haben wird, sich für etwas Besonders zu halten. Es wird weder einen Präsidenten noch gar einen König geben, dem die anderen durch Verzicht besondere Vorteile zu verschaffen haben. Das Gift in den Köpfen derjenigen, die denken, dass es Menschen geben wird, die einem »Gott« näherstehen als die anderen, Menschen also, die von einem »Gott« auserwählt wurden, um in seiner Nähe leben zu dürfen, und die nach ihrem Tod mit tausend Privilegien ausgestattet werden, dieses Gift wird aufgehoben sein, weil jeder mit eigenen Augen sehen wird, wie es in der Sphäre der »Engel« zugeht. Man wird sehen, wie das, was die einen als Himmel, die anderen als nächsthöhere Dimension bezeichnen, tatsächlich beschaffen ist, wie alles organisiert ist und welche Zusammenhänge für die auf der Erde lebenden Menschen von wahrer Bedeutung sind. Allein schon dadurch wird man sich nicht mehr einem blinden Glauben hingeben müssen, der höchstens fragt, was »Gott gefällig« sei und wie man sich in seinem »Himmel« Privilegien erwerben könne.

Das alles ist leicht dahingesagt, aber von ungeheuerlicher Konsequenz für die Weltreligionen. Denken wir nur an die Christen. Den meisten Lesern dieses Buches dürften die internen Strömungen der Christenheit bekannt sein. Da gibt es den Papst in Rom, der bei jedem seiner Auftritte – gemäß seiner Verpflichtung gegenüber den Konzilien der letzen zwei Jahrtausende – verkündet, dass ausschließlich Katholiken den einzig möglichen Weg zu Gott und seinem Himmel beschreiten.

Wie aber steht es mit den Muslimen? Gerade in den letzten Jahren wurde uns eindringlich klargemacht, dass auch sie sich auf dem einzig wahren Weg zum Seelenheil wähnen.

Und denken wir nicht zuletzt an diejenigen, die fest davon überzeugt sind, den Königsweg zu ihrem Gott zu kennen, welcher in der Thora beschrieben ist.

Alle drei Gruppen zeichnen sich aber für den Sehenden dadurch aus, dass sie innerlich gespalten sind und sich untereinander bekämpfen.

Im Christentum beispielsweise gibt es den Ritus der oströmischen und der weströmischen Kirche. Es gibt die orthodoxen Christen des Ostens und die Katholiken im Westen. Von den Letzteren wiederum haben sich vor Jahrhunderten die Protestanten abgespalten, die sich ihrerseits in Freikirchen aufspalteten. Die Muslime teilen sich in Sunniten und Schiiten und diese wiederum in Untergruppen, die einander bekämpfen. Und auch dem jüdischen Ritus hängen sowohl orthodoxe als auch moderne Juden an, die schwere Konflikte miteinander austragen.

Es geht hier natürlich nicht darum, negative Empfindungen gegen den einen oder anderen Ritus zu provozieren. Denn die Konkurrenz unter den verschiedenen Riten wird sich in Zukunft ohnehin erledigen, und der noch andauernde Spaltungsprozess hört in dem Moment auf, wenn es den Menschen auf Erden möglich ist, mit den sogenannten »Engeln« zu kommunizieren. Diese »Engel« werden uns dann schon sagen, wo es langgeht, und es wird Zwänge geben, die nicht irdischen Ursprungs sind und die das Problem der von den Menschen behaupteten Unterschiede durch einen Zustand der Unterschiedslosigkeit lösen werden:

- immer zu essen haben
- immer gesund sein
- sehr alt werden
- Sicherheit für die Zeit nach dem physischen Tod

Aus unserer Sicht zu Anfang des 21. Jahrhunderts scheinen diese Dinge nur ein schöner Traum zu sein. Aber sie werden

Wirklichkeit! Allerdings wird dieses Goldene Zeitalter nur sechzig bis achtzig Jahre dauern und der Angst weichen, dass die Menschheit dieses Sonnensystem schnellstmöglich verlassen muss, weil die Sonne bedrohlich zu flackern beginnt. Doch dazu später mehr, wenn Nostradamus sehr konkret wird.

Das Eintreffen des Goldenen Zeitalters bedeutet, dass alle Menschen in einem Wohlstand leben, der für vergangene Generationen nur eine Wunschvorstellung war, für uns Heutige jedoch bereits Wirklichkeit geworden ist, sofern wir nur genügend Geld besitzen, um uns diese Annehmlichkeiten leisten zu können. Im Goldenen Zeitalter kommt es aber nicht mehr darauf an, wie viel Geld der Einzelne hat, denn das Geld ist längst abgeschafft worden.

Wer nun meint, dies sei unmöglich, der sollte sich eine Situation vorstellen, in der dem Menschen alles, was er zum täglichen Leben braucht, schlicht zugeteilt wird. Er möge dabei an eine zentrale Lebensorganisation denken, die auf Computerbasis arbeitet und daher unbestechlich ist.

Leben wir künftig unter riesigen Schutzkuppeln?

»Die auf der Erde geborenen Seelen gebrauchen ihre Erdentage, um im Luxus zu leben. Hunderte von Siedlungen werden abgeschirmt.«

Wer die Hintergründe schon kennt oder weiter hinten in diesem Buch bereits etwas darüber gelesen hat, der wird die Bedeutung dieses Satzes von Nostradamus ergründen können. Wenn wir Menschen uns nicht mehr um das tägliche Brot kümmern müssen, entwickelt sich über kurz oder lang ein Leben in Luxus und Wohlbefinden. Was man will, das bekommt man auch. Die einzige Einschränkung, die es geben wird, ist die eine Norm, die der Verwirklichung der eigenen Träume Grenzen setzt: Niemand wird seinen Traum größer und schöner als der Nachbar verwirklichen. Luxus und Wohlleben werden durch das Gebot der Unterschiedslosigkeit begrenzt sein. Daran werden sich die ersten Menschen, die in diesen Genuss kommen, allerdings auch erst einmal gewöhnen müssen.

Der zweite Satz in diesem Abschnitt, »Hunderte von Siedlungen werden abgeschirmt«, ist erklärungsbedürftig. Für uns von Sonne, Regen und dem Wechsel der Jahreszeiten verwöhnte Menschen ist die Vorstellung grauenvoll, dereinst unter großen Käseglocken leben zu müssen. Dabei übersehen wir, dass es trotz Luxus und langem Leben durchaus Probleme mit dem Lebensraum auf unserem Planeten geben kann. Nostradamus beschreibt an anderer Stelle, dass wir einer Art Eiszeit entgegengehen. Diese wird nicht durch menschliches Fehlverhalten, sondern durch eine »schwächelnde Sonne« bedingt sein, die unsere Erde nicht mehr, wie gewohnt, wärmt. Auch in der Offenbarung des Johannes wird »das Fahlwerden der Sonne« angekündigt.

Ebenfalls nicht auszuschließen ist die Möglichkeit, dass zu der Zeit, auf die sich die Prophezeiung bezieht, die Erdatmosphäre, sei es durch Verschmutzung, sei es durch extreme klimatische Prozesse oder ein kosmisches Ereignis, zum Beispiel den Strahlenbeschuss eines explodierenden Sterns, »gefährlich« geworden ist. Die Lösung, die von den Technikern der dann lebenden Menschheit gefunden wird, beschreibt Nostradamus an anderer Stelle: Man wird über den Ansiedlungen, auch über den Großstädten, Schutzkuppeln errichten. Diese Kuppeln werden die Menschen, die darunter leben müssen, schützen. Wenn es sich um Kälte handelt, dann wird darunter eine entsprechend angenehme Temperatur erzeugt. Für große Siedlungen wird man natürlich Bergtäler nutzen. Auch die »Täler voll Wasser«, womit Nostradamus die Fjorde meint, werden ein beliebtes Siedlungsgebiet der Menschen sein, weil im Wasser gleichzeitig Fische gezüchtet werden können.

Steht uns das Methusalem-Zeitalter bevor?

»Die Menschen haben an sich Noppen geöffnet. Der Lohn dafür ist, dass sie das Altern besiegt haben. Es ist die Zeit, in der für sie das Jahr nicht vergeht. Das Leben in diesen Jahren wird für sie mehr als dreihundert Jahre andauern.«

Dreihundert Jahre und mehr! Die Vorstellung, dass ich heute als Endsechziger nach den Maßstäben der Zukunft gerade das Knabenalter durchlebt habe, belustigt mich. Aber genau so wird es sein, denn für die nächsten Jahrhunderte beschreibt Nostradamus Probleme, die sich aus der langen Lebenszeit der Menschen ergeben. Ich habe in den vergangenen Jahren immer große Heiterkeit damit erregt, wenn ich bei Vorträgen die Frage stellte, ob jemand von den Anwesenden 270 Jahre mit ein und derselben Frau oder demselben Mann verheiratet sein möchte? Dabei ist das kein Grund zum Lachen, denn zumindest während der Übergangzeit auf dem Weg zum routinemäßig gelebten Methusalem-Alter dürfte dies ein schwieriges Problem oder fast schon eine Tragödie sein, so lange, bis sich die neue Denkweise irgendwann durchgesetzt hat. Die Grundlagen dafür können wiederum nur durch das Gebot der Unterschiedslosigkeit geschaffen werden.

Wenn wir dreihundert Jahre alt werden, dann müssen Lebenskraft und Gesundheit über Jahrhunderte hinweg gesichert sein, andernfalls gäbe es bald nur noch Alte, Kranke und Hilflose auf der Erde.

Wenn wir dreihundert Jahre alt werden, dann kann es im Übrigen kein Eheversprechen für alle Ewigkeit geben, auch wenn die verschiedenen Religionen womöglich Sturm dagegen laufen werden. Die Lösung wird sein, dass man für Ehe und Nachkommen eine bestimmte Zeit von rund neunzig Jahren festlegt. Danach ergeben sich andere Aufgaben in und an der Gemeinschaft.

Wenn wir dreihundert Jahre alt werden, dann kann es auch kein Erbe für die Nachkommen geben. In einem System der Unterschiedslosigkeit entfällt die Sitte des Vererbens ohnehin.

Es ist faszinierend, sich vorzustellen, was bei einer so langen Lebensdauer alles anders sein wird; dazu genügt es, sich in Gedanken alle möglichen Lebensbereiche des heutigen Menschen anzusehen und sich vor Augen zu halten, sie könnten dreihundert Jahre dauern.

Der Weg hin zum langen Leben beginnt offenbar damit, dass die Wissenschaftler entdeckt haben, dass die Menschen dafür an sich »Noppen« öffnen müssen. Was könnte Nostradamus damit gemeint haben? Noppen sind Erhebungen auf einer Fläche, zum Beispiel auf der Oberfläche eines Balls. Wenn wir etwas tiefer gehen und vielleicht einmal die menschliche Zelle betrachten, was könnte da wohl an der Oberfläche, also an der Zellhaut, vorhanden sein, was Nostradamus als Noppen gesehen hat? Wenn man als Nicht-Biologe in Internetlexika nachforscht und sich die Darstellungen ansieht, dann kommen als Antwort eigentlich nur die Rezeptoren an der Zellhaut in Frage.

Man wird es eines Tages wohl sehr genau erkannt haben, ob in den menschlichen Zellen ein Rezeptor »stillgelegt« wurde, der für das vorzeitige Altern des Menschen verantwortlich ist. Es liegt jedenfalls auf der Hand, und ein Weg ist somit angedeutet. Nun kommt es darauf an, dass die Wissenschaftler diese Idee aufgreifen, falls sie es nicht schon längst getan haben. Nostradamus beschreibt sogar die Geschichte dieser Entdeckung:

> »Die Grundlage hierfür wird in Europa gelegt, aber in Asien umgesetzt. Enthüllt wird der Grund für die Veränderung der Zellen sein, so dass drei Vorgänge in den Zellen nicht mehr stattfinden. Man wird die Veränderung zur Urzelle aus den heutigen Zellen entfernen. Dies wird jedoch große Konsequenzen für die Menschen haben, sowohl für die, die an Land leben, als auch für diejenigen, die im Meer leben. So sind die Berge überfüllt, die Dörfer, Städte und die abgeschirmten Siedlungen.«

Mit aller Vorsicht möchte ich nun einmal spekulieren, dass in der Zellhaut ein Rezeptor vorhanden ist, der durch irgendeinen Vorgang stillgelegt ist oder aber laufend ausgeschaltet wird. Man aktiviert also diese Pforte zur Zelle, so dass in ihr drei biochemische Prozesse nicht mehr ablaufen können oder müssen. »Müssen« schreibe ich deshalb, weil möglicherweise innerhalb der Zelle durch diesen Verschluss ein Notmechanismus zum Überleben in Gang gesetzt wird, durch den die Zelle zwar weiterleben kann, aber eben nur für kürzere Zeit. In dem Augenblick, in dem man diese Noppen öffnet, wird der natürliche Ablauf in der Biochemie der Zelle wiederhergestellt.

Folgt man den Worten des Nostradamus, dann handelt es sich um einen durch Mutation (»Veränderung zur Urzelle«) entstandenen Fehler. Die nun mögliche »Reparatur« hat allerdings, und davor warnt er uns eindringlich, bedeutende Konsequenzen: Das nunmehr auf ein Vierfaches verlängerte Leben wird zu einer dramatischen Überbevölkerung auf unserem Planeten führen.

An Land leben die Menschen in durch Kuppeln geschützten Siedlungen. Sie werden aber auch zunehmend unter Wasser siedeln. Dort dürften Schutzkuppeln nicht nötig sein. Dem rasant zunehmenden Platzmangel entgeht man damit aber nicht, und so wird die Überbevölkerung Maßnahmen erfordern, die wir uns heute noch nicht vorstellen können. Man wird dem Individuum Lebensraum zuteilen und die bisherigen Ansichten und erprobten Praktiken zum sozialen Miteinander aufheben müssen. Ein erster Ausblick könnte sein: Wenn ein Mensch geboren wird, bleibt er nicht für immer am Ort seiner Geburt, sondern wird spätestens, sobald er erwachsen ist, einer Siedlung zugeteilt, die noch freie Kapazität für seine Versorgung hat. Will er diese Siedlung aber jemals verlassen, so muss er am Platz seiner Wünsche nach einem Austauschpartner suchen. Für viele Menschen mag dies eine Einschränkung ihrer Freiheit sein, aber nur so wird man jedem eine komplette Versorgung mit allem, was zum Leben notwendig ist, »garantieren« können.

Die religiösen Ansichten ändern sich

»In der Religion wird es zu einer Veränderung der Sichtweise kommen. Die aus dem Licht (die Leuchtenden) werden damit nicht einverstanden sein. Aber alle Könige des Ostens werden sich dafür entscheiden, weil das Gold dann sintflutartig regnet. Für diese Veränderung sind die Leute um die große Grabstätte verantwortlich.«

Dieser Text des Nostradamus gehört zu seinen geheimnisvollsten Texten überhaupt. Zu verstehen ist immerhin, dass man einen dreißigjährigen Menschen, der weiß, dass seine Lebenserwartung dreihundert Jahre beträgt, kaum mit der Angst vor Sünde und Tod zu einem »Glauben« wird bekehren können. Vermutlich ändern sich die Weltreligionen deshalb dahingehend, dass sie ihren Anhängern Vorteile bei der Erkundung des Universums, der Schöpfung und der geistigen Welt anbieten und diese auch selbst praktizieren.

Die unselige Verheißung, die Zeit nach den dreihundert Jahren Leben im Diesseits zu beherrschen oder beherrschen zu können, wird zu einem neuen fundamentalen Irrtum oder zu einem fatalen Verhalten führen, das aus diesem Irrtum geboren ist. Zu Beginn des 21. Jahrhunderts wurde die notwendige Technik zur Eröffnung einer Kommunikation mit den »Leuchtenden« wiederentdeckt. Im Verlauf dieses Jahrtausends wird uns diese Welt, also die »aus dem Licht«, wie Nostradamus sie nennt, mehr und mehr verständlich werden.

Wir können heute nur darüber spekulieren, warum die »Leuchtenden« nicht mit der Festschreibung neuer Dogmen zum Nutzen der Weltreligionen einverstanden sind. In jedem Fall liegt aber der Verdacht nahe, dass die Vertreter der Religionen von ihren Anhängern für den Zugang zu der »Welt der Leuchtenden« einen materiellen Vorteil für sich verlangen werden. Auf diese Weise könnten sich diese Organisationen neue Pfründe verschaffen, um auch künftig über der Unterschiedslosigkeit zu schweben.

Vielleicht sollte auch noch ein Wort zu den »Königen des Ostens« gesagt werden. Mit dem »Osten« sind nämlich nicht der Nahe oder der Mittlere Osten gemeint, sondern Länder wie Russland, Indien, China usw.

Nun bleibt noch die letzte Bemerkung des königlichen Sehers offen. Wer oder was versteckt sich hinter den »Leuten der großen Grabstätte«? Aus heutiger Sicht kommt dafür ein sehr eindrucksvoller Ort in Frage, der als Grabstätte einiger Pharaonen bekannt ist. Es ist das Plateau von Giseh mit seinen großen Pyramiden.

Nach meinen Forschungsergebnissen der letzten 25 Jahre können wir davon ausgehen, dass Nostradamus einmal rund ums Mittelmeer gereist ist. Dies dürfte im Auftrag des Vatikans geschehen sein, der sich im 16. Jahrhundert ein Bild von der »Türkengefahr« in Europa machen wollte. Auf dieser Reise kam Nostradamus natürlich auch nach Ägypten, und verschlüsselt spricht er in seinen Texten dieses Land auch an. Zum Beispiel finden sich Ausdrücke wie »die sandigen Mauern« oder »das sandige Haupt des Schwitzens«. Wer schon vor 1965 Gelegenheit hatte, Ägypten zu besuchen, der sah den Sphinx damals noch bis zur Brust im Sand stecken.

Ein weiteres Grab wird man laut Nostradamus noch entdecken. Es handelt sich dabei um kein geringeres als um das Grab des Abraham. Archäologen sind diesem geheimnisvollen Ort, der sich im »Tal der Patriarchen« im heutigen Saudi-Arabien befindet, schon seit Jahrzehnten auf der Spur. Man verspricht sich von der Graböffnung den Fund einer Reihe von Schriften und Geräten, mittels derer man Kontakt zu den »Leuchtenden« aufnehmen kann.

Schließlich muss man auch noch das für die muslimische Welt bedeutendste Grab erwähnen, nämlich die Grabstätte des Propheten Mohammed in Medina. Allerdings verschließt sich Nichtmuslimen der Zugang zu den Geheimnissen, die der als Prophet titulierte Mohammed der Nachwelt hinterlassen hat. In den Archiven der dortigen Universität lagern jedoch Schriften, die der westlichen Welt zwar bis heute nicht bekannt sind, die aber alle aus einer alten Hochkultur stammen.

Sie wollen wissen, welche Grabstätte Nostradamus nun

tatsächlich meint? Ich tippe darauf, dass die großen Pyramiden von Giseh von Nostradamus als die »große Grabstätte« bezeichnet wurden.

Abschnitt 2 von 25 für den Zeitraum von 2000 bis 2099

Ungeheuerliches verkündet Nostradamus für unsere unmittelbare Zukunft.

Hier der reine Text:

»Das Ende des Wolfs, des Löwen und des Esels. Dies wird nun beginnen und bei der Wiederkehr der großen Zahl Sieben vollendet sein.

Im Garten der Welt, nahe der neuen Stadt, befindet sich der gefangene Fürst, der von den Italienern besiegt wurde. Unauffälliges Drama wird mit den Bluthunden sein/geschehen. In der Zeit der Opferspiele wird er erscheinen auf der Straße im Bergtunnel. Von Genua wird er über dem Meer Marseille erreichen.

Das süße Manna kommt von da an nicht mehr vom Himmel. Nicht fern ist dann das große Jahrtausend sieben.

Es wird gefangen werden und in einen Bottich getaucht. Durch große Anstrengungen wird es durch die Forscher beherrscht werden. Dann wird keine Aufrichtigkeit für die Hunde (mastins) nötig sein. Wenn sie eintreten/ankommen, verlassen sie ihre Gräber. Unter Druck wird giftiger Schwefel beigegeben. Ein Feuerstoß. Durch die Scheibe des Herzens der Biene.«

Im zweiten Abschnitt für das 21. Jahrhundert scheint Nostradamus auf wissenschaftliches Neuland und auf weitere dadurch bedingte Umwälzungen hinzuweisen. So spricht er vom Ende des Sozialismus, des Kapitalismus und der islamischen Wirtschaftsordnung. Der Wissenschaft gelingt ein Durchbruch auf dem Weg zur Energiegewinnung zum Nulltarif.

Das Ende des Sozialismus, des Kapitalismus und des Händlertums

> »Das Ende des Wolfs, des Löwen und des Esels. Dies wird nun beginnen und bei der Wiederkehr der großen Zahl Sieben vollendet sein.«

Es sind nur wenige Worte, aber hinter ihnen verbergen sich unvorstellbare Veränderungen im Miteinander der Menschen. Was sich im ersten Augenblick als Verlust darstellt, dürfte bei näherer Untersuchung nur eine logische Folge des Goldenen Zeitalters sein. Der Wolf wird bei Nostradamus als Wappentier des Kommunismus bzw. Sozialismus verwendet. Er ist ein Jäger, kein Heger, der aus dem Aufbau einer Sache seinen Nutzen zieht. An dieser Stelle geht es nun allerdings nicht darum, die Gründe für die Entstehung jener Bewegungen zu analysieren, die wir heute als Sozialismus im weitesten Sinne kennen. Es gab aber gute Gründe dafür, den Ärmsten der Armen eine Grundsicherung ihres Lebens zu verschaffen.

Wenn man sich nun vorstellt, welchen Nutzen Sozialismus oder Kommunismus noch haben können, wenn allen Menschen alles zum Leben Notwendige zur Verfügung gestellt wird, und welchen Sinn Kommunismus hat, wenn ohnehin Unterschiedslosigkeit unter allen Menschen herrscht, dann kommt man zwangsläufig zu dem Schluss, dass diese Bewegungen vergehen werden, weil ihr Sinn nicht mehr gegeben ist.

Wie aber verhält es sich mit dem Löwen? Nostradamus hat ihn zum Sinnbild für den Kapitalismus auserkoren. Zu den »Kapitalisten« seiner Zeit und seiner Umgebung gehörten die Könige sowie der Hochadel von Frankreich. Stark vereinfacht dargestellt, zogen sie den Nutzen aus dem Land, das sie besaßen, indem sie andere Menschen für sich arbeiten ließen. Man sieht die führenden Kapitalisten unserer Tage förmlich schon vor sich, wie sie versuchen werden, für sich zu retten, was noch zu retten ist. Was für ein sinnloses Treiben! Denn Nostradamus spricht an anderer Stelle davon, dass man Geld als Zahlungsmittel nicht mehr benötigen wird. Doch ohne Geld im weitesten Sinne, also ohne die Möglichkeit, Wert zu »besitzen«, ist auch kein Kapitalismus mehr möglich. Niemand wird mehr bereit sein, einem Möchtegern-Kapitalisten seine Arbeitskraft zur Verfügung zu stellen, um sich dadurch seinen Lebensunterhalt zu sichern, wenn doch alles zum Leben Notwendige ohnehin kostenlos zur Verfügung steht. Das Ende des majestätischen Löwen, der zum eigenen Nutzen mit seiner Pranke die kleineren Tiere klein hält, wird durch die Rundum-Versorgung des Menschen eingeläutet und durch die Verlängerung seiner Lebenserwartung auf über dreihundert Jahre endgültig besiegelt werden.

Nun haben wir noch das Symboltier des Esels. Dieses Lastentier war zu Nostradamus' Zeit das Haupttransportmittel der Bevölkerung in der islamischen Welt rund um das Mittelmeer. Mit Eseln wurden die Waren der Händler zu den Ständen auf den Märkten oder den Geschäften der Suks gebracht. Der Esel ist also das Symboltier der Händler, und in unserer Zeit würde ich mit ihm die global operierenden Handelsfirmen in Verbindung bringen. Gerade in den letzten

Jahrzehnten ist der Traum manches Händlers, die Erde als einen einzigen großen Markt beliefern zu können, teilweise schon verwirklicht worden.

Diese Entwicklung wird, wie wir bei Nostradamus noch lesen werden, weiter voranschreiten. Der Seher spricht von etwa hundert Unternehmen, die den Weltmarkt beherrschen werden. Aber auch für sie beginnt schließlich die Endzeit, denn wenn die Menschen alles haben, was sie brauchen, wird niemand mehr, zumindest nicht im großen Stil, bei ihnen kaufen.

Bis heute setzen die klugen Großkaufleute auf Waren, die der Verbraucher im wahrsten Sinne des Wortes »verbrauchen« muss, um leben zu können, und die er dann nachzukaufen gezwungen ist. Damit wird es vorbei sein. In dem Augenblick, wo den Menschen Energie zum Nulltarif zur Verfügung steht, verbilligen sich die Produktionsmethoden erheblich, und es wird dann nur noch eine Frage der Berechnung sein, ab wann es günstiger ist, sämtliche direkten und indirekten Steuern und Abgaben abzuschaffen. Hinzu kommt, dass auch keine Zahlungen für die Altersvorsorge mehr zu erheben sind. Jeder Bewohner erbringt allerdings eine Leistung. Dies ist zunächst einmal erforderlich, um die Menschen zu beschäftigen. Die Summe der Leistungen muss aber auch gerade ausreichen, um die Versorgung aller Menschen zu gewährleisten. An diesem Punkt schließt sich dann rechnerisch der Kreislauf, und es wird wahr werden. Zu Beginn des 21. Jahrhunderts ist dies alles noch kaum vorstellbar. Aber es wird sein. Nostradamus nennt sogar eine Zeitspanne, in der sich diese Dinge vollenden werden.

Der Seher hat den Text vordergründig für die christliche Jahreszählung ausgelegt. Im Hintergrund läuft aber auch die Jahreszählung mit, die für die Nachkommen des Abraham gültig ist. Die jüdische Jahreszählung befindet sich derzeit im sechsten Jahrtausend, man schreibt dort etwa das Jahr 5770. Es fehlen hier also noch 230 Jahre bis zum Beginn des siebten Jahrtausends.

Was genau schreibt Nostradamus?

»Dies wird nun beginnen und bei der Wiederkehr der großen Zahl Sieben vollendet sein.«

Mehr ist dazu wohl nicht zu kommentieren.

Die Großtat der Wissenschaft

»Im Garten der Welt, nahe der neuen Stadt, befindet sich der gefangene Fürst, der von den Italienern besiegt wurde. Unauffälliges Drama wird mit den Bluthunden sein/geschehen. In der Zeit der Opferspiele wird er erscheinen auf der Straße im Bergtunnel. Von Genua wird er über dem Meer Marseille erreichen. Das süße Manna kommt von da an nicht mehr vom Himmel. Nicht fern ist dann das große Jahrtausend sieben.«

Der erste dieser Sätze des Sehers aus Salon-de-Provence zu dieser wissenschaftlichen Entdeckung lässt sich in unseren Tagen noch nicht zuordnen. Aus anderen Textstellen für die nächsten Jahrhunderte kann man aber ableiten, dass es eine neue große Stadt, eine Art Hauptstadt der Welt geben wird. Nostradamus gibt uns dazu einen Hinweis und beschreibt das Wahrzeichen dieser Stadt. Es ist ein etwa fünfhundert Meter hohes, spitzes Gebäude, in dem eine Art von Weltverwaltung residieren wird, die alle Versorgungsangelegenheiten der Menschheit koordiniert. Dieses Gebäude, so lässt der

Seher uns auch wissen, wird auf einem sehr flachen Gelände errichtet sein.

Auf den ersten Blick könnte man annehmen, dass hier ein von den Italienern besiegter Staatsmann gefangen genommen wurde. Es handelt sich bei dem, was wir hier lesen, aber keinesfalls um eine militärische Auseinandersetzung. Nostradamus beschreibt an dieser Stelle stattdessen eine wissenschaftliche Großtat. Wir können der Stelle entnehmen, dass es italienischen Wissenschaftlern gelingen wird, das alles entscheidende, für die Energiegewinnung zum Nulltarif erforderliche Teilchen zu isolieren und zu stabilisieren.

Dieses Teilchen wird seiner immensen Bedeutung wegen von Nostradamus als »Fürst« tituliert, ein bis heute noch nicht bekanntes Etwas, das bei der Zertrümmerung der Atomkerne freigesetzt und somit, zumindest in der Theorie, morgen schon entdeckt werden könnte. Heute bereits weiß jeder Interessierte, dass bei der Zertrümmerung von Atomkernen eine Reihe von Bruchstücken entsteht. Für den Betrachter eines Zyklotrons, in dem der Zusammenprall mit Höchstgeschwindigkeit ausgeführt wird, »passiert« zwar eigentlich nichts, doch auf dem Bildschirm kann man mit entsprechender Software das Geschehen sichtbar machen. Als »unauffälliges Drama« bezeichnet Nostradamus diesen Vorgang. Nun wissen wir heute auch, dass bei der Atomkern-Zertrümmerung zahlreiche Teilchen in alle Richtungen davonfliegen. Nostradamus sieht nun die bei der Zertrümmerung entstehenden Bruchstücke als »Bluthunde«, die sich auf die Spurensuche machen, um sich schließlich wieder an einen im Entstehen begriffenen Atomkern binden zu können. Der Begriff »Bluthunde« ist deshalb so interessant, weil er Rückschlüsse darauf zulässt, was Nostradamus bei der Beobachtung dieses Vorgangs sehen konnte: Die Teilchen fliegen offenbar nur auf den ersten Blick auf chaotische Art und Weise davon. Tatsächlich folgen sie einer Spur! Die Frage ist nur: welcher?

Gleich darauf wird Nostradamus noch genauer. Er beschreibt die Anlage, in der es möglich sein wird, diese wissenschaftliche Entdeckung zu machen und Erkenntnisse aus ihr zu ziehen. Die Zertrümmerung des Atomkerns nennt er, wie gesagt, »das unauffällige Drama«. Den Vorgang als Ganzes bezeichnet er als »Opferspiel«. Ein Atomkern muss sich am Ende opfern. Nostradamus: »In der Zeit der Opferspiele wird er erscheinen auf der Straße im Bergtunnel.«

Es geht also um den Fürsten. Er wird während des laufenden Prozesses für die Wissenschaftler sichtbar werden. Die hierfür erforderliche Gerätschaft hat jedoch ungeheure Ausmaße. Man wird die Atomkern-Zertrümmerung dieser Art so lenken, dass sie im Innern eines Berges, am besten in einem ausgewachsenen Bergmassiv, erfolgt. Die Straße bzw. das, was Nostradamus als solche bezeichnet, dürfte die Magnetstrecke sein, in welche die besagten Atomkerne gezwungen werden.

Gemessen an der heute in der Nähe von Genf aufgebauten Anlage des CERN, der Europäischen Organisation für Kernforschung, wird die Strecke für die Beschleunigung der Teilchen eine riesige Länge haben und von Genua bis Marseille reichen, von wo aus die Teilchen dann in das Bergmassiv der Alpen gelenkt werden, wo sie schließlich mit dem gegenläufigen Strahl, zum Beispiel aus Genf, zusammenstoßen.

Nostradamus betont ausdrücklich, dass diese Mammut-Anlage der Wissenschaft sowie der Menschheit Erfolg und somit das Leben im dritten Jahrtausend bringen wird. Aber er belässt es nicht dabei, sondern gibt demjenigen, der seiner Ausdrucksweise kundig ist, einen weiteren Hinweis:

»Das süße Manna kommt von da an nicht mehr vom Himmel. Nicht fern ist dann das große Jahrtausend sieben.«

Es ist ungeheuerlich, was Nostradamus in ganz wenigen Worten für uns zusammengefasst hat. Was ist das »süße Manna«? Manna ist, wie wir aus der Bibel wissen, Speise oder Nahrung, die den durch die Wüste wandernden Flüchtlingen aus Ägypten zum Überleben diente.

Besinnen wir uns, liebe Leserinnen und Leser. Ohne Sonnenlicht gäbe es kein Leben auf der Erde, denn alle Lebewesen, einschließlich des Menschen, benötigen Nahrung. Die kann aber nur »wachsen«, wenn Sonnenlicht vorhanden ist. Ohne Sonne keine Wärme, keine Photosynthese, kein Wachstum – nichts.

Der von Nostradamus als »Fürst« bezeichnete Bestandteil des Atomkerns ist das Geheimnis des Lichts und der Strahlung, die wir von unserer Sonne bekommen. Mit anderen Worten: Durch dieses Gerät wird die Grundlage dafür gelegt, dass die Menschheit ab dem siebten Jahrtausend vom Sonnenlicht unabhängig sein wird.

Die Menschen können dann im eigentlich Dunklen siedeln, weil sie sich ihr eigenes Sonnenlicht künstlich erzeugen. Sie können weite Strecken im dunklen Weltraum überwinden, weil sie an Bord ihre eigene kleine Sonne haben. Jede künftige Siedlung an Land oder unter Wasser produziert die zum Leben notwendigen Lebensmittel mit Hilfe der kleinen künstlichen Sonnen, die dann zur Verfügung stehen.

Aber Nostradamus gibt den künftigen Entdeckern des Geheimnisses um jene Energiegewinnung, die uns von unserer Sonne unabhängig werden lässt, noch weitere Hinweise. Er geht im Text noch weiter auf den »Fürsten« ein, das Teilchen also, das durch die Zertrümmerung des Atomkerns frei wird.

»Es wird gefangen werden und in einen Bottich getaucht. Durch große Anstrengungen wird es durch die Forscher beherrscht werden. Dann wird keine Aufrichtigkeit für die Hunde (mastins) nötig sein.«

Aufgrund unserer Unkenntnis zu Anfang des 21. Jahrhunderts hinsichtlich dieses geheimnisvollen Teilchens, das Nostradamus »Fürst« nennt, ist es schwer, hier Erklärungen abzugeben. Offenbar wird man dieses isolierte Teilchen in einem Tank mit einer chemischen Flüssigkeit stabilisieren können. Hierfür wird, wie er andeutet, eine sehr aufwendige Apparatur notwendig sein, deren Einsatz sich jedoch lohnt: Man muss bei der Zertrümmerung der Atome nicht mehr auf die anderen davonfliegenden Teilchen achten. Es sind aber gerade diese »unnützen Trümmer«, die den Gebrauch oder die Nutzung des »Fürsten« verhindern.

Nutzt die Menschheit künftig einen Bestandteil der dunklen oder für uns unsichtbaren Materie zur Energiegewinnung?

Vieles spricht dafür, dass das Atomteilchen, um das es hier geht, möglicherweise gleichzeitig Bestandteil der uns bekannten Materie und der für uns unsichtbaren Materie ist. Diese für uns nicht messbare dunkle Materie soll nach Berechnungen der heutigen Wissenschaftler ein Vielfaches unserer Materie ausmachen.

»Wenn sie eintreten/ankommen, verlassen sie ihre Gräber. Unter Druck wird giftiger Schwefel beigegeben. Ein Feuerstoß. Durch die Scheibe des Herzens der Biene.«

Hier greift Nostradamus auf die Ansicht seiner Zeit zurück, dass der Ablauf von Ämtern, die zeitlich begrenzt sind, für denjenigen, der das Amt abgibt, mit seinem »Tod« in diesem Amt gleichzusetzen sei. Hier ein Beispiel: Ein König wird vom Thron vertrieben, lebt aber weiter; in diesem Fall ist der Mensch mit allen seinen Würden als König gestorben. Folgen wir also dieser philosophischen Auslegung, dann sind die Teilchen, die Nostradamus als »Fürst« bezeichnet, in der schwarzen oder dunklen Materie unwirksam, inaktiv, gestorben. Die schwarze Materie ist für sie wie ein Grab. Wir aber befreien sie und nutzen ihre Eigenschaften und Möglichkeiten für uns.

Nostradamus weist dann aber nochmals auf jenen Tank hin, den er schon beschrieben hatte. Dort also ist das Teilchen isoliert, gefangen usw. Er hinterlegt für uns, was noch zu tun ist. Es ist zunächst Schwefel beizugeben, um dann das Ganze mit einem hohen Energiestoß durch eine Apparatur zu filtern, die Nostradamus als die »Scheibe der Biene« gesehen hat. Vielleicht hat er gerade dieses nützliche Insekt gewählt, weil es den Menschen mit seinem Honig ja etwas Gutes schenkt.

Was für eine unglaubliche Möglichkeit – und was für eine Zukunft! Bis zum Jahr 2300 wird dieses System perfektioniert sein, denn dann beginnt das siebte Jahrtausend der Nachkommen des Abraham.

Abschnitt 3 von 25 für den Zeitraum von 2000 bis 2099

Ungeheuerliches verkündet Nostradamus für unsere unmittelbare Zukunft.

Hier der reine Text:

»Die machtvolle Zelle mit klarem Glanz sie spielerisch gebrauchen werden. Die Gegenwart mit der Vergangenheit sich dann zeigt aus dem tiefsten Inneren. Die Hoffnung dem Volk sich wegen der undankbaren Tatsachen zeigt. Nicht mehr leuchten wird es. Lange Zeit wird es ohne Inhalt sein. Wird gerichtet sein durch den Großen Gott. Verlassen wird man die These vom Ende Europas durch das, was die Armee zufriedenstellt.

Begrüßt werden anfänglich die hundert Händler, die sich dann später im Übermaß wie gehässige Wölfe gegen die Menschen geben werden. Die Welt wird später ihrer Maßlosigkeit überdrüssig werden. Diejenigen aus der Runde des teuren Geldes werden sich darüber sehr beschweren.

Vorübergehendes Chaos nahe der Brücke der Engel/des unschuldigen Lamms. Alle werden über das universelle Phänomen staunen. Verdrießlich wird nur der untreue Klerus sein. Durch das Band seiner großen Truppe werden die Tatsachen sichtbar. Zur Belustigung des einen wird der andere versuchen, das Band zu ergreifen. Man wird darüber ausgelassen sein.«

Der Schlüssel zu Gesundheit und langem Leben ist die Urzelle

Seit Mitte des 19. Jahrhunderts versuchen Wissenschaftler verstärkt, Schritt für Schritt die Gesundheit des Menschen zu verbessern. Aufgrund der Beobachtung, dass der Tod von Menschen in vielen Fällen mit Fieber einherging, suchten und fanden sie Mittel zur Senkung des Fiebers. Leider war damit das Ziel, die Menschen vor dem Tod zu bewahren, nicht erreicht. Man konnte nun zwar das Fieber absenken, musste aber erkennen, dass es nicht die eigentliche Todesursache war. Auch Schmerzen gerieten in Verdacht, für den Tod verantwortlich zu sein, und so fand man die ersten synthetischen Verbindungen, mit denen Ärzte die Schmerzen lindern konnten. Doch noch immer war man nicht am Ziel. Besonders findige Forscher entdeckten schließlich bestimmte Erreger als die Verursacher von Krankheiten, und auf dieser Spur geht es bis in unsere Zeit weiter. Längst hat man es aufgegeben, in einem Krankheitssymptom die Ursache für unser kurzes Leben zu suchen. Zwar konnte die durchschnittliche Lebenserwartung, insbesondere der unteren sozialen Schichten, durch die bessere Allgemeinversorgung deutlich erhöht werden, mehr aber auch nicht.

Im dritten Abschnitt des Textes beginnt Nostradamus nun, die ersten Schritte zu beschreiben, die am Ende zu einem wirklich sehr langen Leben in Gesundheit führen werden:

>Die machtvolle Zelle mit klarem Glanz sie spielerisch gebrauchen werden. Die Gegenwart mit der Vergangenheit sich dann zeigt aus dem tiefsten Inneren. Die Hoffnung dem Volk sich wegen der undankbaren Tatsachen zeigt.«

An weiteren, späteren Textstellen wird Nostradamus noch viel deutlicher werden; hier aber gibt er uns schon einmal eine erste Zusammenfassung. Es ist also die Zelle in ihrer unverfälschten Urform, die als Vergleichsobjekt dienen wird, wenn es darum geht, Schäden zu erkennen, die entweder durch Mutation in giftiger Umgebung oder durch eine unpräzise Kopie der Vererbungskette entstanden sind.

Kennt man erst einmal das perfekte Modell, kann man sehen, wo man eingreifen muss, um die Schäden zu reparieren, und genau dies wird man auch tun. Liebe Leserinnen und Leser, sehen Sie bitte genau hin, was Nostradamus dazu geschrieben hat:

»Die Gegenwart mit der Vergangenheit sich dann zeigt aus dem tiefsten Inneren.«

Vergleiche ich die Gegenwart, also die menschliche Zelle, wie sie ist, mit der Vergangenheit, also damit, wie die menschliche Zelle ursprünglich war, dann erkenne ich im tiefsten Inneren der Zelle den Unterschied. Dieser Unterschied ist es, der den Forschern sagen wird, was sie zu tun haben. Man wird über die Entdeckungen sprechen, und die Menschen werden optimistisch in die Zukunft blicken, weil sie die Konsequenzen, das heißt die unerfreulichen Tatsachen, erkannt haben.

Erste Warnung vor dem GAU

Wenn man die Texte in der hier vorliegenden Form der dreifach gebrochenen Rute bis zum Ende dieses Jahrtausends überblickt, dann hat man den Eindruck, als habe Nostradamus offenbar immer Bedenken gehabt, seine positiven Seherberichte von der Zukunft könnten viele Menschen zu früh zu einer Art Überheblichkeit verleiten. Wohl auch aus diesem Grund hat er in regelmäßigen Abständen auf Gefahren für die Menschheit hingewiesen. Ein solches Beispiel, noch als vage Andeutung abgefasst, liegt hier vor. Nostradamus mahnt allerdings nicht, obwohl es im 21. Jahrhundert für die Menschen auf dieser Erde vermutlich zur größten Katastrophe aller Zeiten kommen wird; er beschreibt nur. Die kurze, aber dramatische Nachricht lautet: Unsere Sonne wird erlöschen!

»Nicht mehr leuchten wird es. Lange Zeit wird es ohne Inhalt sein. Wird gerichtet sein durch den Großen Gott. Verlassen wird man die These vom Ende Europas durch das, was die Armee zufriedenstellt.«

Die Tragweite dieser Vorhersagen ist für uns derzeit lebende Menschen kaum abzusehen. Tröstlich bleibt indes, dass man bis dahin die ersten Schritte hin zur Unabhängigkeit vom Sonnenlicht zurückgelegt haben wird. Dennoch stelle man sich nur einmal die Wirkung auf lebende Wesen vor, wenn die Sonne nach kurzem Flackern tatsächlich erlischt. Ihr verbleibendes Licht wird zwar immer noch ausreichen, um die Sonnenscheibe am Himmel orten zu können, aber dennoch wird nichts mehr so sein, wie der Mensch es bis dahin gewohnt war.

Man denke zum Beispiel an den Anblick des Mondes. Heute ist er, wenn nicht gerade Neumond ist, dank der Reflexion des Sonnenlichts klar und hell sichtbar; nach dem Erlöschen der Sonne jedoch wird er in unseren Augen vom Himmel verschwinden und, wie andere große Himmelskörper auch, nur noch mit speziellen Geräten wahrnehmbar sein, und auch dann nur als dunkler Fleck.

Das eigentliche Problem, dem die Erde sich gegenübersieht, wenn der Wärmestrom von der Sonne ausfällt oder deutlich gemindert ist, besteht jedoch darin, dass der Wasserkreislauf sich erheblich verändert. Ein großer Teil des Wassers nämlich, das sich in Form von Wolken in der Atmosphäre befindet, fällt in kurzer Zeit auf die Erde zurück. »Starkregen« ist ein Begriff, der heute schon öfter strapaziert wird, aber er beschreibt nicht annähernd, was geschehen wird. »Sturzregen« träfe es vielleicht schon eher.

Ein weiterer Punkt, der hierher gehört, wird derzeit noch von sehr wenigen Menschen verstanden. Wir können nämlich heute auf der Sonne Sonnenflecken, Eruptionen und, wenn wir wissen, wie, sogar Bilder sehen. Die Sonne ist für uns Vater, Mutter und Lebensspender in einem. Auf ihrer Oberfläche zeigt sie ihren Kindern alles, was sie im Universum umgibt. Man muss nun allerdings verstehen, wie man es bewerkstelligt, diese Bilder zu sehen – ein umfangreiches Thema, das den Rahmen dieses Buches sprengen würde. Künftig werden diese Erscheinungen auf der Sonnenoberfläche jedenfalls laut Nostradamus nicht mehr zu beobachten sein.

»Verlassen wird man die These vom Ende Europas durch das, was die Armee zufriedenstellt.«

Durch die Entleerung der Atmosphäre von Wasser infolge des Zusammenbruchs des Wärmehaushalts auf der Erde steigen zwangsläufig die Meeresspiegel. Die Prophezeiungen des Nostradamus beziehen sich normalerweise in erster Linie auf Frankreich und Europa. Er macht uns deshalb vor allem darauf aufmerksam, dass große Teile des heutigen Europa dauerhaft überschwemmt sein werden. Und zwar werde der Meeresspiegel nicht um zehn oder zwanzig Meter steigen, sondern eher um achtzig bis hundert Meter!

An dieser Stelle muss man sich eine Karte Europas ansehen, um abschätzen zu können, welche Regionen betroffen sein werden. Wie hoch der eigene Wohnort liegt, dürften die meisten wissen; doch auch, wer nach wie vor im Trockenen sitzt, sollte sich umschauen, um sich nicht plötzlich auf einer Insel wiederzufinden! Doch trotz aller Verheerungen besteht in jedem Fall weiterhin Hoffnung, denn Nostradamus spricht davon, dass die Armee offensichtlich einen Weg findet, den Menschen zu helfen.

Hundert Weltkonzerne bestimmen unser Leben

»Begrüßt werden anfänglich die hundert Händler, die sich dann später im Übermaß wie gehässige Wölfe gegen die Menschen geben werden. Die Welt wird später ihrer Maßlosigkeit überdrüssig werden. Diejenigen aus der Runde des teuren Geldes werden sich darüber sehr beschweren.«

Ein großes Problem für die Weltbevölkerung wird die Konzentration des Handels sein. Nostradamus spricht von hundert Firmen, die den Weltmarkt beherrschen werden. Anfänglich wird man darin Vorteile sehen, doch später entpuppt sich diese Entwicklung als verhängnisvoll. Nostradamus spricht das Problem sehr genau an. Diese Konzerne werden nämlich ihre marktbeherrschende Position brutal ausnutzen, bis der Punkt erreicht ist, wo die Bevölkerung sagen wird: »Schluss damit – so nicht!«

Interessant ist dabei auch, dass Nostradamus sogar die Drahtzieher dieser Entwicklung nennt. Es sind »diejenigen aus der Runde des teuren Geldes«. Gemeint sind natürlich solche Menschen oder Institutionen, die Geld gegen Zinsen verleihen, also Banken und im weiteren Sinne auch Aktionäre und Spekulanten.

Es wird sich, wie wir schon gesehen haben, im Verlauf des 21. Jahrhunderts zeigen, dass man gezwungen sein wird, der Bevölkerung eine Versorgung zum Nulltarif zur Verfügung zu stellen, zumindest was die lebensnotwendigen Dinge angeht. Der Auslöser hierfür, so erfahren wir nun, könnte die Maßlosigkeit der Geldverleiher sein, denn Nostradamus spricht an einer anderen Stelle davon, dass »Geld« verboten wird. Die Veränderungen, die sich dadurch im täglichen Leben einstellen werden, sind für uns heute noch unvorstellbar. Ich habe es bereits angedeutet: Wenn den Menschen eine kostenlose Versorgung bis zum Tod garantiert wird, dann bedarf es keiner Altersvorsorge und keiner Versicherungen mehr. Ganze Finanzmärkte werden zusammenbrechen, und zwar zum Wohle des Einzelnen. Die Konzerne werden das zwar anders sehen und die heutige Wirtschaft sicher auch, aber das ist irrelevant, weil es sie dann gar nicht mehr geben wird, weil sie längst überflüssig geworden sind. Die in einschlägigen Kreisen oft vertretene These, wonach das Wohlergehen der Menschheit vom Verdienst der Investoren abhängig sei, wird sich schnell verflüchtigt haben. Wo kein Bedarf – da keine Investition.

Die größte technische Meisterleistung des dritten Jahrtausends

Hörten sich die ersten Sätze des dritten Textabschnitts für das 21. Jahrhundert doch sehr dramatisch an (und sehr dramatisch wird es auch werden!), so gibt Nostradamus zum Ende dieses Abschnitts immerhin eine erste Entwarnung:

> »Vorübergehendes Chaos nahe der Brücke der Engel/des unschuldigen Lamms. Alle werden über das universelle Phänomen staunen. Verdrießlich wird nur der untreue Klerus sein.«

Viele meiner Leserinnen und Leser werden es noch nicht verstehen, weil sie sich bislang nicht mit den Phänomenen beschäftigt haben, die unsere Sonne für uns bereithält. Diese Sonne jedoch ist für uns die Verbindung mit dem Universum. Sie macht Wesen des Universums sichtbar, die wir in unserer bisherigen Weltanschauung als Engel bezeichnet haben. Die Sonne ist also die Brücke zu den Engeln.

Aufgrund der Kraftlosigkeit der Sonne, die in der Offenbarung des Johannes mit den Worten »die Sonne wird fahl« beschrieben ist, wird die Brücke zu den »Engeln« blockiert sein. Die gesamte dann lebende Menschheit wird stattdessen über das universelle Schauspiel staunen, das die Sonne ihr nun unverhofft bietet. Und jeder, der sehen kann, wird zwangsläufig die universellen Zusammenhänge erkennen müssen, weil er, ohne die Augen schützen zu müssen, auf der Oberfläche der Sonne Bilder sehen wird, die bisher durch die Kraft der Lichtstrahlen verdeckt waren. Man wird die Phänomene des Universums auf der verdunkelten Sonnenscheibe klar sehen, und jeder wird ohne große Erklärung wissen, worum es sich dabei handelt, denn diese Bilder werden in ihrer Aussage eindeutig sein.

Nostradamus spricht davon, dass die Religionen hierüber nicht erfreut sein werden, weil nun ihre Glaubenslehren auf den Prüfstand kämen. Jeder, der sehen kann, wird die Unterschiede zwischen den religiösen Dogmen und dem, was er auf der Oberfläche der Sonne sieht, erkennen und daraus seine eigenen Konsequenzen ziehen.

Die Lösung des Problems der erloschenen Sonne

»Durch das Band seiner großen Truppe werden die Tatsachen sichtbar. Zur Belustigung des einen wird der andere versuchen, das Band zu ergreifen. Man wird darüber ausgelassen sein.«

Um es gleich auf den Punkt zu bringen: Die Wissenschaftler werden das Problem unserer schwächelnden Sonne schon sehr früh erkennen und versuchen, eine Lösung zu finden, durch die sie die Prozesse in der Sonne, die sie strahlen lassen, neu »anwerfen« können. Es ist faszinierend zu lesen, wie ein Mensch des 16. Jahrhunderts diese entscheidende Maßnahme beschreibt. Nostradamus spricht nämlich vom »Band«. Auf den ersten Blick kann man sich das nicht vorstellen. Selbst ein Mensch des 18. und 19. Jahrhunderts hätte dieses Phänomen der Sonne noch gar nicht identifizieren können! Nostradamus hat es jedoch gesehen und als »Bänder« (später dann noch einmal als »Bärte«) beschrieben.

Eruptionen auf der Sonne schleudern große Mengen an Teilchen in den Raum, die für uns als Bänder sichtbar werden; diese »Bänder« stürzen anschließend wieder auf die Sonne zurück. Und genau diesen Vorgang wird man sich laut Nostradamus zunutze machen. Die Lösung, die unsere Wissenschaftler ersinnen werden, scheint nämlich eine Art »Impfung« der Sonne zu sein. Man wird von der Erde aus versuchen, diese »Sonnenbänder« zu erreichen und sie mit einer dann bekannten Methode zu »impfen«, so dass sie im Rücksturz zur Sonne das Material mitnehmen, das die Sonne wieder zünden soll. Und die Methode wird funktionieren! Die Menschen auf der Erde werden ausgelassen sein, weil das für sie die Rettung ist. An anderer Stelle beschreibt Nostradamus denn auch, dass von da an unsere Sonne zwar nicht in voller alter Stärke strahlen, aber doch hinreichend Licht und Wärme für unseren Planeten spenden wird.

Abschnitt 4 von 25 für den Zeitraum von 2000 bis 2099

Ungeheuerliches verkündet Nostradamus für unsere unmittelbare Zukunft.

Hier der reine Text:

»Es sind drei, wie Ruderer in einem Boot, die voll Beleidigung gegenüber den Gefangenen sein werden.
Die Planung beginnt im Jahr 1999 im Septembermonat. Sie

geht von der Stadt der Börse aus und richtet sich gegen den Gebieter des Höllenhauchs, weil man der Trennung nicht zustimmen will. So wird eine gute Zeit zur schlechten, und das Süße wird sich hin zur Bitterkeit wandeln.

Dann wird aus der Luft der große König der Unvernunft kommen, der die Sprache der Lüge spricht, um die Tatsachen darzustellen. Später wird er dann doch als ein Unwürdiger erkannt werden.

Zwei Könige der Barbaren werden zu schnell angreifen. Noch einmal wird der große König eine Zeit der gefährlichen Ölmonate herbeiführen.

Dem großen Prälaten des Geldes wird daher kein Denkmal errichtet. Der König von sechs Verbündeten verlassen wird. Dann wird man ihn mit Macht suchen. Schuldzuweisungen an der Idee zum Angriff werden in den Wind gejammert und erscheinen wie eine Feder. Zuvor und danach der Krieg für eine gute Weile regiert. Als falsche Pilger und als ausgezehrte Entführer werden sie an einen Ort gebracht, den der Berater des Königs nicht bestimmt haben wird.«

Im 21. Jahrhundert bereits passiert: Ist der Irakkrieg vorhergesagt worden?

In den 25 Abschnitten für das 21. Jahrhundert gibt es Passagen, deren Vorhersagen in den ersten zehn Jahren bereits eingetroffen sind. Für uns Zeitzeugen, die gleichzeitig an den Voraussagen des Nostradamus interessiert sind, ist es natürlich spannend zu lesen, welche Geschehnisse in der ersten Dekade für den Propheten aus der Sicht des 16. Jahrhunderts so wichtig waren, dass er sie zu Papier brachte. Ein Hinweis ist zwar nötig, aber dann sollte es Ihnen, liebe Leserinnen und Leser, wie Schuppen von den Augen fallen: Hier werden drei

Politiker vom Beginn des 21. Jahrhunderts beschrieben: Es sind Herr Bush junior, der Präsident, Herr Rumsfeld, der Kriegsminister, und Frau Rice, die Außenministerin der USA.

> »Es sind drei, wie Ruderer in einem Boot, die voll Beleidigung gegenüber den Gefangenen sein werden.«

Dieses Trio setzte den Krieg gegen die »Staaten des Bösen« in Gang und ließ amerikanische Truppen in Afghanistan einmarschieren. Gefangene Rebellen wurden in Guantánamo und an anderen Plätzen der Welt schwer gefoltert, um auch mit Hilfe ihrer Aussagen die »Netzwerke des Bösen« zu zerschlagen. Anderen Texten kann man entnehmen, dass die Umschreibung für die Anwendung der »hochnotpeinlichen Befragung«, wie die Folter in Deutschland früher genannt wurde, in den feinen Kreisen des 16. Jahrhunderts »Beleidigung« lautete. Durch diesen Euphemismus vermied man es, die furchterregende Prozedur zu verbalisieren. Für uns ist wichtig, dass Nostradamus dieses Vorgehen weder begrüßt noch verurteilt.

Ein weiterer Vorgang, der zum Auslöser für die militärischen Aktionen der USA in der ersten Dekade des 21. Jahrhunderts wurde, war der Terrorangriff auf die Zwillingstürme in New York. Bei Nostradamus liest sich das so:

> »Die Planung beginnt im Jahr 1999 im Septembermonat. Sie geht von der Stadt der Börse aus und richtet sich gegen den Gebieter des Höllenhauchs, weil man der Trennung nicht zustimmen will. So wird eine gute Zeit zur schlechten, und das Süße wird sich hin zur Bitterkeit wandeln.«

Dies ist einer der sensationellsten Texte für unsere Zeit. Nostradamus beschreibt hier die Hintergründe für den Terroranschlag vom 11. September 2001. Demnach begann die Planung dafür im September 1999, was sicherlich einiges an Stoff für neue Verschwörungstheorien liefern wird. Im September eines jeden Jahres endet übrigens das Zähljahr des jüdischen Ritus. Man feiert das Ende eines vergangenen Abschnitts und anschließend den Beginn eines neuen Jahres.

Für viele von uns ist der nächste Punkt in dieser Beschreibung nicht auf den ersten Blick zuzuordnen. Wo befindet sich denn eigentlich die Stadt der Börse? Natürlich in England, denn es muss London gemeint sein. Nostradamus spricht in diesem Zusammenhang an anderer Stelle vom »Geldbeutel auf dem Tisch«, was bedeutet, dass alles deutlich sichtbar ist, ganz ohne Heimlichtuerei: In London etablierte sich nämlich die erste Börse innerhalb der City of London, und das schon um das Jahr 1570, also zur Zeit des Nostradamus. Zwar stammte die Idee dazu ursprünglich aus Amsterdam, doch es war London, das sich während der kommenden Jahrhunderte mehr und mehr zur Nummer eins mauserte. Von der Öffentlichkeit kaum beachtet, begann im 20. Jahrhundert eine Verlagerung der dortigen Börse nach New York an die Wall Street. Große Brokerhäuser verlegten ihren Hauptsitz in die USA. Es ist zwar nur eine Hypothese, aber doch eine gründliche Recherche wert: Haben wir es nicht doch vielleicht mit einem Machtkampf zwischen den beiden Börsenplätzen London und New York zu tun? Hier nochmals der Nostradamus-Text:

> »Sie geht von der Stadt der Börse aus und richtet sich gegen den Gebieter des Höllenhauchs, weil man der Trennung nicht zustimmen will. So wird eine gute Zeit zur schlechten, und das Süße wird sich hin zur Bitterkeit wandeln.«

Nun ja, wir haben im ersten Jahrzehnt des 21. Jahrhunderts den Terroranschlag von New York erlebt, den Gegenschlag der USA in Afghanistan und im Irak, den Zusammenbruch der Spekulationsblase um die Computerindustrie und schließlich den Beinahe-Zusammenbruch des globalen Finanzsystems mitsamt den Banken. Folgen wir den Anmerkungen des Nostradamus für unsere Zeit, dann sind die guten Jahre, die seit 1945 in Europa herrschen, bald vorbei, und eine bittere Zeit steht uns bevor.

Wird George W. Bush von Nostradamus als »der Unwürdige« bezeichnet?

Die Antwort lautet »ja«, wobei es zuvor noch einer Erklärung bedarf. Nostradamus war der höchste Templermeister bzw. Chef eines »Philosophischen Zirkels«, wie er es selbst nannte. Die schlimmste Bestrafung, die man zu seiner Zeit gegenüber einem Mitglied dieser Gesellschaft oder auch einer Nachfolgeorganisation verhängen konnte, bestand darin, den Betreffenden all seiner menschlichen Würden zu entkleiden, ihn zum Unwürdigen zu erklären. Wir Heutigen zucken bei dieser Vorstellung vielleicht eher mit den Schultern und denken uns »Was soll's?«. Die Menschen damals jedoch empfanden ganz anders; wer seine Würde als Mensch verloren hatte, der war dem Tier gleichgestellt. Was konnte es Schlimmeres geben? Nostradamus schreibt:

»Dann wird aus der Luft der große König der Unvernunft kommen, der die Sprache der Lüge spricht, um die Tatsachen darzustellen. Später wird er dann doch als ein Unwürdiger erkannt werden. Zwei Könige der Barbaren werden zu schnell angreifen. Noch einmal wird der große König eine Zeit der gefährlichen Ölmonate herbeiführen.«

Die beiden Feldzüge gegen Afghanistan und den Irak eröffneten die USA mit Luftangriffen. Die Aggressoren kamen also buchstäblich »aus der Luft«. Um die Angriffe im Kongress durchzusetzen, wurden, insbesondere im Fall Irak, Lügen über Massenvernichtungswaffen aufgetischt, und das sogar im UN-Sicherheitsrat. So war also zumindest der Irakkrieg auf Lügen gebaut, was vielleicht nicht gar so dramatisch gewesen wäre, wenn es sich nicht um dieses, sondern ein beliebiges anderes Land gehandelt hätte. Viele vergessen leider, dass Abraham in der Region des heutigen Irak geboren wurde. Aus der Sicht eines Nostradamus begingen die USA ihren größten Frevel also, indem sie ausgerechnet Abraham angriffen. Da sich kaum jemand in unseren Breiten vorstellen kann, welche Bedeutung dieser Tat nun wirklich zukommt, hier eine kurze Anmerkung: Stellen Sie sich einfach vor, die USA hätten den Geburtsort Jesu, Bethlehem, massiv bombardiert und dadurch zerstört.

Man mag unter Umständen noch bezweifeln, dass diese Passage des Textes sich tatsächlich auf George W. Bush bezieht, doch bei Betrachtung des folgenden Textes verdichten sich die Anzeichen erheblich:

>»Zwei Könige der Barbaren werden zu schnell angreifen. Noch einmal wird der große König eine Zeit der gefährlichen Ölmonate herbeiführen.«

Die beiden Könige sind George W. Bush und Tony Blair, der damalige Premierminister Großbritanniens. Beide begannen den Feldzug mit Lügen gegenüber dem Volk und gegenüber ihren Parlamenten. Laut Nostradamus griffen beide das Land zu früh an. Demnach hätte sich im Irak noch irgendetwas ereignet, was diesen Feldzug wahrscheinlich überflüssig gemacht hätte. Ihre wahren Absichten zielten wohl eher auf den Ölreichtum des Irak. Um das zu erkennen, muss man kein Seher sein

Noch im Dunkeln liegt Nostradamus' Hinweis auf eine Persönlichkeit, die er als den »Prälaten« des Geldes bezeichnet. Für einen flüchtigen Augenblick denkt man zunächst an einen Menschen, der als reichster Mann der Erde bezeichnet werden könnte. Ein Prälat, also ein religiöser »Würdenträger«, ist aber doch eher an einen Glauben gebunden, also jemand, der eine klar definierte Haltung zu Finanzgesetzen vertritt. So könnte zum Beispiel der ehemalige Chef der US-amerikanischen Zentralbank Federal Reserve gemeint sein. Herr Alan Greenspan gilt als derjenige, der die Feldzüge des Präsidenten durch Lockerung der Bedingungen für Immobilienhypotheken finanziert haben soll. So ist wohl auch der nachfolgende Text zu verstehen:

»Dem großen Prälaten des Geldes wird daher kein Denkmal errichtet.«

Aber kommen wir zu den letzten Sätzen. US-Präsident Barack Obama hat den Kampfeinsatz der US-Truppen zum 31. August 2010 für beendet erklärt. Das Ende des vierten Textabschnitts für das 21. Jahrhundert könnte sich auf den ausführenden Verantwortlichen bei der Zerstörung der Zwillingstürme von New York beziehen: Osama Bin Laden. Wir sind leider bislang nicht in der Lage, die internen Vorgänge in seiner Organisation und unter den Förderern seiner Aktionen nachzuvollziehen. Nostradamus schreibt aber immerhin dazu:

»Der König von sechs Verbündeten verlassen wird. Dann wird man ihn mit Macht suchen. Schuldzuweisungen an der Idee zum Angriff werden in den Wind gejammert und erscheinen wie eine Feder. Zuvor und danach der Krieg für eine gute Weile regiert. Als falsche Pilger und als ausgezehrte Entführer werden sie an einen Ort gebracht, den der Berater des Königs nicht bestimmt haben wird.«

Dank dieser Sätze können wir wenigstens einige Vermutungen anstellen. Demnach wurde Bin Laden innerhalb seines Lagers von sechs wichtigen Weggefährten oder Unterstützerstaaten im Stich gelassen. Die US-Soldaten wollen ihn um jeden Preis aufspüren, aber bisher konnten sie ihn nicht finden. Gibt uns Nostradamus hier etwa einen Hinweis darauf, warum er sich bislang versteckt halten konnte:

> »Als falsche Pilger und als ausgezehrte Entführer werden sie an einen Ort gebracht …«

Es ist eine Tatsache, dass man als Muslim an den Pilgerstätten von Mekka und Medina am sichersten ist, denn es ist einfach undenkbar, dass die Gläubigen zulassen würden, dass ein frommer Pilger aus ihrer Mitte festgenommen und weggebracht wird!

Abschnitt 5 von 25 für den Zeitraum von 2000 bis 2099

Ungeheuerliches verkündet Nostradamus für unsere unmittelbare Zukunft.

Hier der reine Text:

»Die Weltanschauung der Zwangsbewirtschaftung der Waren wird sich durchsetzen. Die Erde und die Luft werden gefrieren, wie das große Eismeer. Das Leben daher vergeht.

Ebenso kommt es zum Tod des niederträchtigen Geldes. Man ist entrüstet über den Trotz des Königs, der die Geringeren unterstützt.

Gegen die Sekte der Söhne Dalmatiens wird man einen Grund liefern, um gegen sie vorzugehen. Darum wird es dazu kommen, dass sie ihr göttliches Spiel verfälschen werden.

Es wird von Sachsen keinen neuen Erwählten geben, denn er wird ermordet, wenn er die Ringe vorzeigt. Die hartnäckige Sekte, die dahintersteckt, wird ihm ängstlich hinterherweinen. Denn das, was kommen wird, war niemals schön. Vom Braunen, der dann siegt, wird man ein Zeichen des Wohlwollens verlangen.

Der Vater wird versuchen, dem Sohn die Ehre zu verletzen. Die beiden werden jedoch verletzt durch Aleph und Aleph. Sie werden von vier Seiten kommen, um ihn zu verehren. Es ist falsch, denn so kommt gegen das Volk ein Verführer. Er wird das tun, was früher in Persien die Magier taten.«

Die kleine Eiszeit beginnt im 21. Jahrhundert

Wer zum ersten Mal diese sehr ausführliche Beschreibung des 21. Jahrhunderts liest, wird überrascht sein, wie viele »denkbare« zukünftige Ereignisse darin zu finden sind, die man bereits verstehen kann. Hier haben wir ein solches Beispiel: »die Zwangsbewirtschaftung der Waren«. Die meisten wissen ja noch oder haben zumindest davon gehört, dass es im und nach dem Zweiten Weltkrieg in Deutschland Lebensmittelmarken gab, das heißt eine Rationierung der Waren. Pro Kopf gab es eine bestimmte Menge Milch, Brot, Mehl, Fleisch etc. Eine solche Rationierung dürfte also im 21. Jahrhundert abermals erforderlich sein, und zwar weltweit.

>Die Weltanschauung der Zwangsbewirtschaftung der Waren wird sich durchsetzen. Die Erde und die Luft werden gefrieren, wie das große Eismeer. Das Leben daher vergeht.«

Die Ursache für die Versorgungsengpässe auf der Welt, die solche Maßnahmen erforderlich machen, wird von Nostradamus in diesem Zusammenhang gleich mitgeliefert. Es kommt nämlich zu einer kleinen Eiszeit, und zwar rund um den Globus. Die Hintergründe wurden an einer anderen Stelle bereits ausführlich beschrieben, und wir erinnern uns: Es ist das Nachlassen der Leuchtkraft der Sonne. Hier führt der Seher zur Begründung nur lapidar an, dass »die Erde und die Luft« gefrieren werden. An dieser Stelle habe ich bei meiner Übertragung den Begriff »Luft« mit Bedacht gesetzt. Was Nostradamus nämlich zu meinen scheint, ist, dass alles, was unter der Erde und über der Erde ist, gefrieren wird. Erstaunlich aber bleibt, dass der Seher etwas von einem Eismeer wusste, denn auf seiner einzigen großen Reise, derjenigen rund ums Mittelmeer, wird ihm ein solches nicht begegnet sein. Wir können nicht wissen, wie er zu dieser Vision gekommen ist, aber wir nehmen aus seinem Text Folgendes zur Kenntnis: Die künftigen Bewohner der Erde werden sich auf eine Zeit einstellen müssen, in der sie, was die äußeren Bedingungen angeht, wie Eskimos zu leben haben.

Tröstlich für uns ist jedoch, dass Wissenschaft und Technik andere Lösungen parat haben werden. So wird man Siedlun-

gen unter Wasser bauen. Deren Vorteil ist, dass die Wasser-
temperatur von wenigen Grad über null sich gut ausgleichen
lässt, so dass Menschen für die Erwärmung ihrer Behausun-
gen unter Wasser nicht so viel Energie benötigen werden wie
außerhalb des Wassers. Unmittelbar über der Erde wird es
nämlich richtiggehend eisig sein. Dort wird es keine Vegetati-
on mehr geben. Aber dies ist zum Glück nur ein vorüberge-
hender Zustand, denn schon bald wird man Kuppeln und unter ihnen ganze Städte errichten, die von künstlichen Sonnen
sowie von anderen Wärme- und Lichtspendern bewohnbar
gemacht werden.

Das Ende der Geldspekulationen

>Ebenso kommt es zum Tod des niederträchtigen Geldes.
Man ist entrüstet über den Trotz des Königs, der die Geringeren unterstützt.«

Nostradamus unterscheidet in seinen Texten für unser Jahrhundert zwei Arten von Geld. Hierbei müssen wir zunächst
eine Voraussetzung klären: Geld als reines Zahlungsmittel hat
bei der Auslegung außen vor zu bleiben. Geld als Hilfsmittel,
um mit Waren jeglicher Art untereinander zu handeln, ist hier
definitiv nicht gemeint. Anders verhält es sich im Übrigen mit
dem schon erwähnten »teuren Geld«. Dabei handelt es sich um
Geld, das man sich ausleiht und für das man Zinsen zahlen
muss. In vielen Weltreligionen ist der Kredit, für den man auf
diese Weise zahlt, praktisch verboten. Man versündigt sich geradezu, wenn man Zinsen verlangt. Nostradamus bezeichnet
dieses Geld, das bei Krediten fließt, als »teures Geld«.
   Hier nun spricht der Seher vom »niederträchtigen Geld«.
Er meint damit das Geld, das der Spekulation dient. Viele

Kleinanleger, die ihre Ersparnisse an den Börsen in Aktien oder reinen Spekulationssystemen anlegen, sind in den Augen des Nostradamus »Niederträchtige«, denn sie können nur gewinnen, wenn andere verlieren.

Vielleicht noch ein Wort zur Erklärung. Wenn ein Fabrikant einen Teil seines Eigentums an einer Fabrik an andere weitergibt und hierfür einen Anteilschein oder, wie wir heute sagen, eine Aktie ausgibt, dann ist dies so lange korrekt, wie der Wert des Anteilscheins dem realen Gegenwert entspricht. Erst wenn der Fabrikant für den Schein mehr verlangt, als Letzterer tatsächlich wert ist, handelt er niederträchtig. In der Weltanschauung des Nostradamus sind also Börsen »Tempel der Niedertracht«.

Das Ende der »Tempel der Niedertracht«

Bitte lesen Sie die von Nostradamus mit Bedacht gesetzten Worte noch einmal im Zusammenhang:

> »Die Weltanschauung der Zwangsbewirtschaftung der Waren wird sich durchsetzen. Die Erde und die Luft werden gefrieren, wie das große Eismeer. Das Leben daher vergeht. Ebenso kommt es zum Tod des niederträchtigen Geldes.«

Haben Sie es erkennen können? Über der Erde ist nichts mehr, was wächst. Oder, wenn wir es auf die Menschen und ihr soziales Leben beziehen: Es gibt keine Menschen mehr, die etwas verbrauchen können, weil die Erdoberfläche unbewohnbar geworden ist. Demzufolge sind alle Anlagen über der Erde von heute auf morgen wertlos geworden. Das System, auf dem die Börsen gründeten, muss zwangsläufig zusammenbrechen, und somit ist auch das Ende für die Spekulationsgeschäfte gekommen.

Die Versorgungssituation wird für diejenigen, die in dieser Zeit leben, auf jeden Fall äußerst dramatisch sein, denn Nostradamus fügt dieser Voraussage noch eine Anmerkung hinzu, die man auf den ersten Blick nur zuordnen kann, wenn man seine dem 16. Jahrhundert geschuldete Weltsicht besser kennt. Fragen wir uns also, was der folgende Satz zu bedeuten hat:

»Man ist entrüstet über den Trotz des Königs, der die Geringeren unterstützt.«

Der Mensch ist die Krone der Schöpfung und steht seinem Gott am nächsten. Die Tiere auf der Erde sind die Geringeren, die erst nach dem Menschen kommen. Diese Voraussetzung sollte man sich bewusst vor Augen führen, denn mit den »Geringeren«, die ein »König« unterstützt, sind bei Nostradamus nicht irgendwelche armen Menschen gemeint, sondern die Tiere als solche. Auch sie leiden fürchterlich unter der nun auf der Erde herrschenden Eiszeit, und fast alle Arten dürften in einer solchen Situation vom Aussterben bedroht sein. Der Verantwortliche bzw. die Gruppe von Verantwortlichen, die Nostradamus als »König« bezeichnet, werden sich anscheinend dazu entschlossen haben, möglichst viele Tierarten über diese eisige Periode hinwegzuretten. Mit anderen Worten: Man wird von den ohnehin schon knappen Versorgungsgütern der Menschen einen nicht unerheblichen Teil für den Erhalt der Tierarten abzweigen müssen. Dies wiederum führt logischerweise zu noch schärferen Rationierungen; kein Wunder, dass viele Menschen dagegen opponieren.

Machtkämpfe innerhalb der katholischen Kirche

In den laufenden Vierzeilern für das 21. Jahrhundert, die nur vage Andeutungen machen, dafür aber eine klare Zeitangabe enthalten, kann man lesen, dass nach dem Dritten Weltkrieg in Rom ein rachsüchtiger Mann, der aus Dalmatien stammt, als Papst den Stuhl Petri besteigen wird. Nostradamus hat ihm den martialischen Titel »der Sohn der Blutwoge« verliehen. Dies sollte man wissen, bevor man die nächsten Zeilen in diesem Abschnitt für das 21. Jahrhundert betrachtet:

> »Gegen die Sekte der Söhne Dalmatiens wird man einen Grund liefern, um gegen sie vorzugehen. Darum wird es dazu kommen, dass sie ihr göttliches Spiel verfälschen werden.«

Man wird also versuchen, die Anhängerschaft dieses Papstes irgendwie zu bekämpfen. Sie wehren sich natürlich, indem sie die bisherigen Glaubensdogmen der katholischen Kirche in ihrem Sinne verändern, das heißt, sie stellen ihr Vorgehen als gottgewollt dar. Doch die Machtkämpfe im Vatikan werden sich so offenbar nicht beruhigen lassen, sondern im Gegenteil sogar sehr heftig sein und blutig enden. Überdies wird man den nächsten Papst ermorden:

> »Es wird von Sachsen keinen neuen Erwählten geben, denn er wird ermordet, wenn er die Ringe vorzeigt. Die hartnäckige Sekte, die dahintersteckt, wird ihm ängstlich hinterherweinen. Denn das, was kommen wird, war niemals schön. Vom Braunen, der dann siegt, wird man ein Zeichen des Wohlwollens verlangen.«

Nostradamus schildert hier offenbar interne Vorgänge während eines Konklaves. Demnach wird ein Deutscher (aus Sachsen stammend) zum Papst gewählt und noch während des Wahlrituals ermordet. Daraufhin kommt es laut Nostradamus zu einer weiteren Wahl während dieses Konklaves, weil der Sachse noch nicht offiziell zum Papst ausgerufen worden war. Es wird nun ein Farbiger zum Papst gewählt.

Wer in der Realität dieser Prophezeiung die Fäden in der Hand halten wird, entnehmen wir, recht allgemein formuliert, dem folgenden Satz:

»Die hartnäckige Sekte, die dahintersteckt, wird ihm ängstlich hinterherweinen. Denn das, was kommen wird, war niemals schön.«

Ein jeder kann sich nun ausmalen, wen Nostradamus mit der »hartnäckigen Sekte« innerhalb des Vatikans meint. Ein bisschen Wissen um die fundamentalistischen »Bewegungen«, die dort schon jetzt die Politik kontrollieren, kann dabei nicht schaden, aber das ist ein anderes Thema. Sich auszudenken, welche Sekte genau gemeint ist, überlasse ich Ihnen, liebe Leserinnen und Leser; aber sie wird offensichtlich den Mord begehen und hinterher erkennen, dass das ein Fehler war. Denn der farbige Papst wird offensichtlich die Mörder verfolgen!

Eine mysteriöse Prophetie, vermutlich für das Jahr 2011

»Der Vater wird versuchen, dem Sohn die Ehre zu verletzen. Die beiden werden jedoch verletzt durch Aleph und Aleph. Sie werden von vier Seiten kommen, um ihn zu verehren. Es ist falsch, denn so kommt gegen das Volk ein

Verführer. Er wird das tun, was früher in Persien die Magier taten.«

Haben wir es hier mit einer Familienangelegenheit zu tun, oder ist es die Umschreibung dafür, dass Kirche und Staat miteinander ringen?

Als Väter werden gerade in der orthodoxen Kirche die Geistlichen bezeichnet. In der katholischen Kirche ist es eher der Papst, den man »Heiliger Vater« nennt. Man sollte auf jeden Fall gerade in unserer Zeit sehr genau darauf achten, was sich im Verhältnis zwischen den christlichen Kirchen, also der oströmischen und der weströmischen Kirche, so alles an auffälligen Ereignissen darbietet.

Das Folgende bleibt für den Moment noch sehr dunkel, und ich kann Ihnen nur wenige Hinweise geben. Aleph ist zum Beispiel der erste Buchstabe im jüdischen Alphabet und wird auch mit der Zahl Eins in Verbindung gebracht. Eins und eins könnte nun entweder zwei oder aber elf bedeuten. Tatsächlich wurde uns für das Jahr 2011 von Nostradamus eine Reihe sehr dramatischer Ereignisse vorhergesagt. Außerdem ist bekannt, dass in Persien einst die Priester der Schwarzen Magie mächtig waren.

Abschnitt 6 von 25 für den Zeitraum von 2000 bis 2099

Ungeheuerliches verkündet Nostradamus für unsere unmittelbare Zukunft.

Hier der reine Text:

»Im Spanischen wird ein sehr mächtiger König erwachsen. Das Auge des Objekts wird sehr ausufern und der Schatten des Regenten der Schiffe sein. Das Kriegsgeschrei wird jedoch nicht wahr sein. Alle, die mit ihm verbündet sind, werden zu Meer und zu Land den Süden unterwerfen. Viel und brennend wird ein Schnee fallen. Gemacht wird dem Leben eine Absage.

Illegitimer Zufall wegen des (rüden) Inhalts in den Briefen, getötet und in Säckchen mit Drahtgitter getan. Dieses Übel man machen wird. Erniedrigen wird sich vorher die Vermehrung. Das Feld wird beim Abnehmen bewässert. Die Wirkung wird kommen, indem es reduziert wird. Dann, gereinigt, ist es erfolgversprechend. Es bleibt ungewiss wie zerstampfte Gerste. Man wird übersehen haben, das große Nichts zu festigen.

Erniedrigt werden die des Wohlbefindens, weil sie den Freitag feiern, denn die Vorherrschaft fällt an den König des Goldes. Er gibt dem Zweig die Legalität.

Elf römische Völker nichts als Beleidigungen machen werden.«

Erste Hilfe nach dem Dritten Weltkrieg kommt über Spanien nach Europa

Dies ist ein Textabschnitt bei Nostradamus, der die Situation nach dem Dritten Weltkrieg beschreibt. An anderer Stelle und vor allem in den Vierzeilern prophezeit Nostradamus, dass die Spanier die Stärksten unter den Schwachen sein werden und dass sich von ihrem Land aus ein Mann durchsetzen wird, der seine »Macht« bis zu den »Spitzen Europas« ausdehnen wird. Dies sollten wir allerdings nicht allzu dramatisch sehen, und es wird auch nur eine vorübergehende Erscheinung sein. Denn wenn die großen europäischen Nationen auf das Niveau von Agrarstaaten zurückgefallen sind, dann kann man schon mit ein paar wenigen gepanzerten Fahrzeugen die Überlebenden beherrschen.

Überhaupt sollten wir diese Voraussage des Sehers nicht negativ auslegen. Irgendjemand muss ja den Weg in die Zukunft vorgeben, und warum soll es nicht Spanien sein?

Viele meiner Leserinnen und Leser werden sich trotzdem fragen, warum es nun gerade dieses Land ist. Die Antwort: Einiges deutet darauf hin, dass Europa über Spanien Erste Hilfe aus Südamerika bekommen wird, also von der südlichen Halbkugel. Spanien dürfte somit zum Brückenkopf bei der Aufbauhilfe für Europa werden.

Lassen wir also den Seherspruch »Im Spanischen wird ein sehr mächtiger König erwachsen« im Raum stehen. In den letzten 25 Jahren gab es immer wieder Überlegungen, sich Spanien als künftigen Fluchtpunkt auszusuchen. Diese Überlegung ist zunächst einmal auch richtig bzw. logisch, nur sollte ein jeder Nichtspanier vorher sehr genau recherchieren, ob er in diesem Land auch eine Chance hätte, sich durchzusetzen. Wer schon vor Jahren oder Jahrzehnten Spanien für sich als Domizil entdeckt hat, wird vermutlich keine Schwierigkeiten haben. Wer jedoch glaubt, im letzten Augenblick noch schnell dorthin überwechseln zu können, der macht einen großen Fehler und wird scheitern.

Die Weltherrschaft nach dem Dritten Weltkrieg geht von Schiffen aus

Bisher hatte ich diese Information in meinen Büchern zurückgehalten, weil ich den Bösewichtern dieser Welt nicht einen wichtigen Hinweis für die Zukunft geben wollte: Die Macht wird für eine gewisse Zeit von Schiffen ausgehen!

Wer sich in die Situation nach dem Dritten Weltkrieg hineinversetzt, erkennt sofort, warum die Macht von Flugzeugträgern ausgehen könnte. Vermutlich werden einige Verbände sich vor gezielten Angriffen schützen, giftigen Wolken ausweichen und unversehrt bleiben. Wenn aber Macht von Schiffen aus ausgeübt werden kann, dann müssen diese Schiffe Flugzeugträger sein, denn sie haben die Kampfjets an Bord, die tief in einen Landstrich eindringen können, um einen »militärischen Willen« durchzusetzen. Aufschlussreich ist dabei der nächste Hinweis des Sehers:

> »Das Auge des Objekts wird sehr ausufern und der Schatten des Regenten der Schiffe sein. Das Kriegsgeschrei wird jedoch nicht wahr sein. Alle, die mit ihm verbündet sind, werden zu Meer und zu Land den Süden unterwerfen. Viel und brennend wird ein Schnee fallen. Gemacht wird dem Leben eine Absage.«

Noch vor hundert Jahren hätte man den Begriff »das Auge des Objekts« nicht deuten können. Heute jedoch wissen wir, dass viele Beobachtungssatelliten die Erde umkreisen. Der Schluss liegt nahe, dass sich ein Verband von Kriegsschiffen der Beobachtungssatelliten bedient, um mit ihren Daten gezielt Macht auszuüben. Eine zweite Möglichkeit wäre, dass ein Regent an Land sich seiner Schiffe auf See bedient, um Druck auf andere Staaten auszuüben.

Nostradamus sieht hier eine Finte; das heißt, die dann Mächtigen beschwören eine neue Kriegsgefahr herauf, um irgendwelche Interessen durchsetzen zu können. Für uns sind diese Worte heute noch nicht von Bedeutung, aber schon in einem Jahrzehnt sollte man sich daran erinnern, gelesen zu haben, dass man den Überlebenden Angst machen wird, um einen Unterwerfungskrieg führen zu können.

Unterworfen werden soll aber der »Süden«: Bleibt also noch die Frage zu beantworten, was Nostradamus unter dem Süden verstand bzw. wo er beginnt. Ausgehen müssen wir dabei wohl von seinem eigenen Standort, dem Ort seiner Visionen, also von Salon-de-Provence. Südlich davon befindet sich das Mittelmeer und am gegenüberliegenden Ufer, als Festland, die Nordküste Afrikas.

Wie auch immer diese Geschichte ausgeht, gibt es auf jeden Fall wieder diesen vermaledeiten giftigen Niederschlag, der schon ganze Landstriche entvölkert hat. Man ist versucht anzunehmen, dass die Übeltäter auf den Kriegsschiffen residieren.

Die Methode der Zeugung von höchster Qualität

Irgendwann im Laufe des 21. Jahrhunderts, der Dritte Weltkrieg wird zu diesem Zeitpunkt längst abgehakt sein, wird die Wissenschaft auf die Idee kommen, Methoden zu entwickeln, mit denen fortan ausschließlich Genies gezeugt werden sollen. Es geht um die Auslese des Samens, die man dann ebenfalls betreiben wird, aber das Bestreben misslingt! Nostradamus beschreibt die Methode:

»Illegitimer Zufall wegen des (rüden) Inhalts in den Briefen, getütet und in Säckchen mit Drahtgitter getan. Dieses Übel man machen wird. Erniedrigen wird sich vorher die Vermehrung. Das Feld wird beim Abnehmen bewässert. Die Wirkung wird kommen, indem es reduziert wird. Dann, gereinigt, ist es erfolgversprechend. Es bleibt ungewiss wie zerstampfte Gerste. Man wird übersehen haben, das große Nichts zu festigen.«

Eigentlich sind die Instrumente für die künstliche Befruchtung der Frau bekannt. Man entnimmt eine Eizelle und gibt den zuvor tiefgefrorenen Samen des Mannes hinzu. Dann wird die befruchtete Eizelle in die Gebärmutter der Frau eingepflanzt, und im günstigsten Fall beginnt nun die Schwangerschaft.

Im Text des Nostradamus lesen wir vom »illegitimen Zufall wegen des Inhalts in den Briefen«. Man wird demnach eine Auslese von Samenfäden oder einen Samenfaden, den man aufgrund seiner Erbinformation für besonders vorteilhaft ansieht, in ein winziges Tütchen tun und viele dieser gekennzeichneten Behältnisse dann wiederum in Säckchen packen, die aus einem Drahtgeflecht bestehen. Weitere Informationen gibt uns Nostradamus nicht, und wir können daher nur vermuten, dass diese Drahtsäckchen anschließend in flüssigen Stickstoff gegeben werden, um sie so einzufrieren.

Nostradamus lehnt die Auslese von Samenfäden des Menschen zum Zwecke der Zeugung von Genies eindeutig ab. Er bezeichnet dieses Vorgehen als Übel. Trotzdem beschreibt er die weitere Prozedur:

> »Erniedrigen wird sich vorher die Vermehrung. Das Feld wird beim Abnehmen bewässert. Die Wirkung wird kommen, indem es reduziert wird. Dann, gereinigt, ist es erfolgversprechend.«

Es sind nur wenige Worte, aber Nostradamus geißelt hier den Beischlaf ohne die Absicht, ein Kind zu zeugen. Für ihn ist es aus der Sicht des ausgehenden Mittelalters eine Erniedrigung der Sache, wenn nur noch »Sex ohne Folgen« praktiziert wird. Dennoch geht er weiter auf die Selektions-Methode ein.

Die Auslese der Samenfäden des Mannes erfolgt also unter

Zufuhr von Flüssigkeit in einem Laborgerät. Offenbar kann man die Samenfäden auf diese Weise besser untersuchen. Samenfäden mit bestimmten Merkmalen werden entfernt. Dadurch reduziert sich die Gesamtmenge. Schließlich spricht Nostradamus noch von einem Reinigungsprozess, dem die Samenfäden unterzogen werden. Das Ergebnis wird für die Wissenschaftler wohl zunächst auch erfolgversprechend sein, doch schon kommt vom Arzt Nostradamus die entscheidende Einschränkung, die fast schon zynisch klingt:

»Es bleibt ungewiss wie zerstampfte Gerste. Man wird übersehen haben, das große Nichts zu festigen.«

Die erhoffte gezielte Auslese der Samenfäden wird also misslingen. Die Zeugung wird weiterhin unbestimmbar, das heißt zufallsbedingt bleiben. Nostradamus verwendet hierfür einen Begriff seiner Zeit: »zerstampfte Gerste«. Denn sind die Gerstenkörner erst einmal zerstampft, dann ist kein Mensch mehr in der Lage, das einzelne Gerstenkorn wieder zusammenzubauen.

Gleich danach folgt sein Hinweis auf den Fehler, den die Wissenschaft gemacht hat: Sie hat es nämlich fatalerweise unterlassen, einen Bestandteil in der Samenzelle des Menschen zu festigen, das heißt zu fixieren. Im Zusammenhang mit anderen technisch-wissenschaftlichen Großtaten der Menschen bis zum Jahr 3798 spricht Nostradamus immer dann vom »Nichts«, wenn es sich um für das menschliche Auge unsichtbare Dinge handelt. Hierbei bedeutet unsichtbar jedoch meist nur: »nicht ohne Hilfsmittel sichtbar zu machen«.

Der Niedergang des Reichtums der Ölscheichs

In der letzten Passage dieses Textabschnitts kündigt Nostradamus den Niedergang des unermesslichen Reichtums der arabischen Staaten an. Der Freitag ist der Gebetstag der Muslime, somit stützt dieser Hinweis tatsächlich die Aussage, dass es sich bei denjenigen »des Wohlbefindens« um die Menschen im Mittleren Osten handelt:

> »Erniedrigt werden die des Wohlbefindens, weil sie den Freitag feiern, denn die Vorherrschaft fällt an den König des Goldes. Er gibt dem Zweig die Legalität.«

So bleibt uns nur noch zu überlegen, wen Nostradamus mit dem »König des Goldes« meint. In der Antike galt Ägypten als das »Land des Goldes«. Die ersten griechischen Söldner in Ägypten dienten diesem Land nur, weil sie von den Pharaonen mit viel Gold bezahlt wurden. Im Laufe der nächsten Zeit wird sich Ägypten nun aber zur eigentlichen Militärmacht innerhalb der muslimischen Welt entwickeln. An anderer Stelle erläutert Nostradamus diese Entwicklung genauer.

Doch auch innerhalb der christlichen Welt kommt es zu einer Verschiebung der Macht. Es sind die elf katholischen Staaten Südamerikas, die den am Boden liegenden Staaten Europas zwar helfen, sie aber gleichzeitig ganz und gar nicht gut behandeln werden:

> »Elf römische Völker nichts als Beleidigungen machen werden.«

»Römisch« ist natürlich ein Verweis zum einen auf die »Heilige Römische Kirche«, zum anderen auf den »romanischen« Ursprung der Sprachen Spanisch und Portugiesisch. Vermutlich werden nun die südamerikanischen Länder den Überlebenden im alten Europa diktieren, was zu tun ist. Doch worum genau es auch immer geht, wenn Nostradamus von »Beleidigungen« spricht, so meint er damit immer etwas Schmerzliches, Schmerzhaftes, sei es nun körperlicher oder geistiger Natur.

Abschnitt 7 von 25 für den Zeitraum von 2000 bis 2099

Ungeheuerliches verkündet Nostradamus für unsere unmittelbare Zukunft.

Hier der reine Text:

> »Es kommt zu einem Handelsboykott, und die Vifs verachten dies.
> Das leuchtende Eisen/Schwert des neuen Schiffs erhebt sich. Von demjenigen, der ein König gegen die Seinen sein wird. Die Entwicklung wird vom König nicht gewollt sein, denn nicht alle werden dem spanischen Edikt gehorchen.
> Geboren von zwei Rechtschaffenen wird die Liga der Kahlgeschorenen sie unterwerfen. Am Tag danach der Gruß wird das Gebet sein. Bei der Zehn arbeiten für den großen Verdammten.
> Von seiner eigenen Schwester wird der große Flügel losgelassen (erhebt es sich).
> Die Bergkuppe ist das Herz der Röhre und der Platten, der Materie. Der Rechner schafft Gründe und die Grundlage. Sechs werden in der Strahlung entkommen. Auf der Flucht

werden sie eliminiert durch die Macht der zweifachen Schaufel. Zwei Obelisken.

Von sieben Kräften im Schatten des Königs des Ostens nicht geschaffen werden die Mauern. Ein demütiger Sichtschutz. Elf, welche nicht machen würden so stolz.«

Ein Handelsembargo wird unterlaufen

In diesem Textabschnitt gibt es eigentlich nur eine große Überraschung, und das ist ein Wort im ersten Satz, nämlich »Vifs«. Zunächst kann man mit diesem Wort vielleicht nichts anfangen, dann aber merkt man, dass Nostradamus sich hier eines Kunstgriffs bedient hat. Fügt man an das Wort nämlich vorn den Buchstaben »J« an, dann ergibt sich ein »jvif«, das französische Wort für Jude, denn in der lateinischen Schrift seiner Zeit ist V = U.

»Es kommt zu einem Handelsboykott, und die Vifs verachten dies.«

Aus heutiger Sicht, zu Beginn des 21. Jahrhunderts, muss man diesen Satz dahingehend interpretieren, dass es im Zuge der weltpolitischen Entwicklungen zu einem Handelsboykott gegen wen auch immer kommen wird, den der Staat Israel nicht billigen bzw. unterlaufen wird.

Ein Handelsembargo ist derzeit für die Staaten Iran und Nordkorea ausgerufen. Sollte also in nächster Zeit nicht eine weitere dramatische Situation eintreten, in der es ebenfalls zu einer solchen Maßnahme gegen einen weiteren Staat käme, dann kann es sich hier eigentlich nur um den Iran handeln. Schon stellt sich also die Frage, was Nostradamus daran für so bedeutsam erachtete, dass er diesen Handelsboykott unter Nennung eines Blockadebrechers in seine Voraussagen aufnahm.

Zum Zeitpunkt der Niederschrift dieses Kommentars droht Israel mit einem Angriff auf iranische Atomanlagen. Man sollte also annehmen, dass jegliche Unterstützung des Iran durch Israel undenkbar ist. Es sind nun aber stets die scheinbar undenkbaren Vorkommnisse, die von Nostradamus niedergeschrieben wurden. Warten wir also ab, wir werden es ja noch erleben.

Die Weltmacht der Kahlgeschorenen

Erstmals erwähnt Nostradamus hier für das 21. Jahrhundert eine neue Weltmacht. Es ist die »Liga der Kahlgeschorenen«. Vielen Freunden der asiatischen Kultur wird es sicher sehr schwerfallen zu akzeptieren, dass der Buddhismus und die asiatischen Anschauungen sich wandeln werden. Sie werden, wie Nostradamus uns wissen lässt, eine aggressive Politik betreiben.

»Geboren von zwei Rechtschaffenen wird die Liga der Kahlgeschorenen sie unterwerfen. Am Tag danach der Gruß wird das Gebet sein.«

Einer dieser rechtschaffenen Gründer dürfte wohl Buddha sein. Er lehrte und lebte die Gewaltlosigkeit. Seine Mönche rasieren sich die Köpfe. Den zweiten der rechtschaffenen Gründer sollten wir bei den Chinesen oder den Japanern suchen, denn auch dort ist die Kahlköpfigkeit ein Symbol für eine Weltanschauung. Was prophezeit uns Nostradamus hier also für das 21. Jahrhundert: Der gewaltlose Weg der asiatischen Anschauung wandelt sich, unterwirft in seiner neuen Form andere Völker und setzt das »Gebet« durch.

Es folgt ein Texteinschub, der wohl auf unsere aktuelle Zeit zutrifft:

»Bei der Zehn arbeiten für den großen Verdammten.«

Die Angabe der Zahl Zehn dürfte sich auf das Jahr 2010 beziehen, denn in diesem Jahrhundert wird es kein Jahr mehr geben, das auf 10 endet. Es ist zunächst einmal eine lapidare Anmerkung, doch weist sie die für Nostradamus typische Doppelsinnigkeit auf. »Bei« der Zehn heißt eben nicht Zehn und meint also auch nicht das Jahr 2010, wie man vermuten könnte, sondern entweder 2009 oder 2011. Beide Jahreszahlen liegen der Zehn am nächsten, sind also »bei« der Zehn.

Ein neues Weltraumschiff

Der nächste Vorhersageabschnitt dieses Textblocks muss nicht in zeitlichem Zusammenhang mit dem vorausgegangenen stehen.

»Das leuchtende Eisen/Schwert des neuen Schiffs erhebt sich. Von demjenigen, der ein König gegen die Seinen sein wird. Die Entwicklung wird vom König nicht gewollt sein, denn nicht alle werden dem spanischen Edikt gehorchen.«

Es geht hier also um einen Zeitraum, in dem Spanien zur Herrscherin über das im Dritten Weltkrieg entvölkerte Europa geworden ist. Anders lässt sich der Begriff »spanisches Edikt« nicht interpretieren. Im 22. und in den folgenden Jahrhunderten wird Spanien allerdings keine Rolle mehr spielen, weil ganz andere Organisationsformen das Zusammenleben der Menschen prägen werden, in denen Nationen bzw. Nationalstaaten keine Rolle mehr spielen. Es sind dann die Siedlungsregionen oder Lebensräume, die Namen tragen und an denen man sich orientieren wird. Trotzdem wird man vermutlich hier und da auch in Nostalgie schwelgen und bestimmte Tugenden oder Errungenschaften nach vormaligen Nationen benennen. »Die Ethik des Deutschen« ist so ein Begriff bei Nostradamus und »das Sonnige des Italieners« vermutlich ein Hinweis auf Franz von Assisi.

Der Text dieses Abschnitts bezieht sich nun offensichtlich auf eine Zeit nach dem Dritten Weltkrieg, in der ein neues Weltraumschiff gebaut worden ist. Der Herrscher scheint seinem Volk viele Bürden aufzuerlegen. Insgesamt bleibt dieser Seherspruch aber für uns im Dunkeln. Wollen die Spanier keine Weltraumfahrt? Sind sie technikfeindlich? Und erfolgt die Rebellion gegen die Spanier im Verborgenen oder in aller Offenheit? Man kann das alles heute noch nicht sagen. Vielleicht geht es hier sogar um die Zeit, in der die Vormacht der Spanier in Europa zu Ende geht, denn immerhin schreibt Nostradamus, dass sie ihr »Edikt« nicht mehr durchsetzen können.

Der nächste Satz in diesem Textabschnitt für das 21. Jahrhundert zielt auf einen Vorgang im Weltraum (bzw. Orbit). Einmal hat sich, so lesen wir, ein leuchtendes Schwert erhoben, womit wohl der Ausstoß der Antriebsraketen eines »Schiffs« gemeint ist. Dann folgt:

»Von seiner eigenen Schwester wird der große Flügel losgelassen (erhebt es sich).«

Das klingt doch sehr nach einer neuen Art von Raumstation!

Aus unserer heutigen Sicht auf die Dinge können wir annehmen, dass die weitere Eroberung des Sonnensystems durch Menschen auf ähnlichen Modellen aufbauen wird, wie wir sie heute kennen. Und warum sollten die Ingenieure dann nicht auch ein Raumschiff konstruieren, von dem sich ein Teil abtrennen und zum Mars schicken lässt?

Der Weg zur Energie zum Nulltarif

Hier folgt ein Text, den man wieder eher im Zusammenhang mit der Entdeckung der Energie zum Nulltarif sehen sollte.

»Die Bergkuppe ist das Herz der Röhre und der Platten, der Materie. Der Rechner schafft Gründe und die Grundlage. Sechs werden in der Strahlung entkommen. Auf der Flucht werden sie eliminiert durch die Macht der zweifachen Schaufel. Zwei Obelisken.«

Nostradamus beschreibt hier die technische Anlage sowie das Ergebnis der Arbeit in dieser Anlage. Um den Zusammenhang unmittelbar herzustellen, wiederhole ich seine erste Beschreibung (vgl. Abschnitt 2 von 25):

»Im Garten der Welt, nahe der neuen Stadt, befindet sich der gefangene Fürst, der von den Italienern besiegt wurde. Unauffälliges Drama wird mit den Bluthunden sein/geschehen. In der Zeit der Opferspiele wird er erscheinen auf der Straße im Bergtunnel.«

Hier schließt sich nun der Text aus diesem Textabschnitt an:

»Die Bergkuppe ist das Herz der Röhre und der Platten, der Materie. Der Rechner schafft Gründe und die Grundlage.«

»Von Genua wird er über dem Meer Marseille erreichen. Das süße Manna kommt von da an nicht mehr vom Himmel. Nicht fern ist dann das große Jahrtausend sieben. Es wird gefangen werden und in einen Bottich getaucht. Durch große Anstrengungen wird es durch die Forscher beherrscht werden.«

Hier der ergänzende Text dieses Abschnitts:

»Sechs werden in der Strahlung entkommen. Auf der Flucht werden sie eliminiert durch die Macht der zweifachen Schaufel.«

Und wieder die betreffende Stelle im zweiten Abschnitt:

»Dann wird keine Aufrichtigkeit für die Hunde (mastins) nötig sein. Wenn sie eintreten/ankommen, verlassen sie ihre Gräber. Unter Druck wird giftiger Schwefel beigegeben. Ein Feuerstoß. Durch die Scheibe des Herzens der Biene.«

Offensichtlich werden von Nostradamus das Gerät und die wichtigsten Schritte beschrieben, und man fragt sich, wie wohl seine Seherfähigkeit funktioniert hat bzw. wie ausgeprägt sie offenbar war, dass er solche Details beschreiben konnte.

Wir lesen hier von sechs Teilchen, die bei der Zertrümmerung des Atomkerns normalerweise entkommen. Um in der Forschung zum Erfolg zu gelangen, ist es daher laut Nostradamus erforderlich, diese Flüchtlinge zu eliminieren, denn sonst verhindern sie den gewünschten Effekt. Für uns Laien kann die »zweifache Schaufel« eine zweiwertige chemische Substanz oder sogar ein in Rotation befindliches Gerät sein. Wir wissen es heute noch nicht, aber wenn die Zeit kommt, werden unsere Nachkommen sehr genau erkennen, was Nostradamus vor rund 450 Jahren beschrieben hat. Auch die beiden Obelisken, also nadelförmige Gebilde, dürften dabei eine Rolle spielen.

Der letzte Abschnitt dieses Textblocks für das 21. Jahrhundert enthält offensichtlich noch einmal einen Hinweis für unsere Zeit:

»Von sieben Kräften im Schatten des Königs des Ostens nicht geschaffen werden die Mauern. Ein demütiger Sicht-schutz. Elf, welche nicht machen würden so stolz.«

Als »König des Ostens« wäre entweder der Machthaber im Kreml oder derjenige in Peking zu sehen. Einer von beiden vernachlässigt jedenfalls laut Nostradamus den Schutz seines Landes oder den der Staaten, die in seinem Schatten leben, das heißt unter seinem Schutz stehen. Je länger man darüber nachdenkt, desto mehr Anhaltspunkte fallen einem sowohl für Russland als auch für China ein, wobei der Staatenbund der GUS mit Moskau in seinem Mittelpunkt der Beschrei-bung am nächsten kommt.

Für den im ausgehenden Mittelalter lebenden Nostra-damus waren Mauern gleichbedeutend mit Schutzmaßnahmen, die man gegenüber Feinden errichtete, sei es als Stadtmauer oder als ausgeklügeltes Festungssystem. Folgen wir den Wor-ten des Sehers, dann sind es sieben Staaten im GUS-Verbund, die für ihre Sicherheit nichts tun und sich auf ihre unterwür-fige Haltung gegenüber dem König verlassen. Nach Nostra-damus scheint dies ein Fehler zu sein, dessen Folgen bei Elf, also im Jahr 2011, sichtbar werden.

Wir werden sehen!

Ungeheuerliches verkündet Nostradamus für unsere unmittelbare Zukunft.

Hier der reine Text:

»Das neue Schiff nimmt die Fahrten wieder auf.
Die Marine geht vor der Stadt in Stellung. Die Truppen sind guten Mutes. Der Grund für die militärische Aktion wird sein, dass der König mit zu viel Güte regiert.
Die Anzahl der Reichen wird begrenzt werden. Das betrifft die Freitagler. Dort und in der Nähe werden sie das Reich verändert haben. Die Macht wird schwinden, ohne lange gedauert zu haben. Sie wird schnell beendet und besiegt werden wegen der Nachlässigkeit. Es kommt zu einem Angriff und zur sofortigen Niederlage. Der Grund ist eine plötzliche Nachlässigkeit. Das Hohe wird tief gesetzt und das Niedere hoch. Das schöne arabische Viertel man beraubt und ihnen das Land nehmen wird.
Leichtgläubig ist man und glaubt an etwas Falsches. Man macht es sich zu eigen. Der Koran wird abgeschafft werden. Der Sohn des Mohammed wird in Rom zur Macht kommen. Nahe der 55 man wütend wird. Gefunden wird Pulvriges. Zurückkehren wird der Tumult, um zu wiederholen den großen Raub. Das Glänzende wird abgeschafft. Teil des Guten wird wegen seiner Güte nicht fliegen können. Und der Osten bei 55 voll ins Abseits gestellt wird.«

Neue Weltraumtechnik

Immer wieder möchte ich meine Leserinnen und Leser darauf aufmerksam machen, dass die 25 Textblöcke chronologisch geordnet sind, denn dieses Faktum ist von großer Bedeutung. Es war die Absicht des Meisters der Seher, entweder ungenaue Formulierungen, dafür in zeitlich geordneter Reihe, oder aber ausführliche Beschreibungen zu hinterlegen, die dafür in zeitlich ungeordneter Reihe erscheinen. Da in dem vorliegenden Textblock von Nostradamus die 55, das heißt das Jahr 2055, angesprochen wird, sollten wir bei der Deutung der hier geschilderten Ereignisse eher an einen Zeitraum zwischen 2050 und 2060 denken.

Der erste Satz könnte als eine sogenannte »Markierung« angesehen werden:

»Das neue Schiff nimmt die Fahrten wieder auf.«

Es wäre nun zwar naheliegend, an ein Kriegsschiff zu denken, aber wir befinden uns schon in jenem Jahrhundert, in dem unter anderem der Mars von den Menschen erobert wird. In diesem Textblock ist auch von »Pulvrigem« die Rede, das man finden wird. Aus anderen Texten des Sehers kann man entnehmen, dass es auf dem Mars etwas gibt, das für die Raumfahrt der Menschen von großer Bedeutung ist, und dass derjenige, der es als Erster entdeckt, die Vorherrschaft in der Weltraumfahrt erringen wird.

Der Umsturz in den arabischen Ölstaaten

Aber kehren wir dem Weltraum den Rücken, denn schon die nächste Seherbotschaft blickt wieder auf die Erde:

>Die Marine geht vor der Stadt in Stellung. Die Truppen sind guten Mutes. Der Grund für die militärische Aktion wird sein, dass der König mit zu viel Güte regiert.<

Aufgrund der Schwäche eines Regenten, der ein König, ein Präsident oder ein Führer unter Gleichgestellten sein kann, gerät ein Land in eine instabile Lage. Man wird etwas ändern wollen und startet eine Militäraktion, vermutlich, um den König abzusetzen. Zwar noch mit Vorbehalten, aber doch mit zunehmender Sicherheit (gerade im Zusammenhang mit anderen Texten in diesem Textblock) sollte man bei diesem Land an Saudi-Arabien und die Emirate denken. Dies wird zunächst auch durch den unmittelbar folgenden Text bestätigt:

>Die Anzahl der Reichen wird begrenzt werden. Das betrifft die Freitagler. Dort und in der Nähe werden sie das Reich verändert haben. Die Macht wird schwinden, ohne lange gedauert zu haben. Sie wird schnell beendet und besiegt werden wegen der Nachlässigkeit. Es kommt zu einem Angriff und zur sofortigen Niederlage. Der Grund ist eine plötzliche Nachlässigkeit. Das Hohe wird tief gesetzt und das Niedere hoch. Das schöne arabische Viertel man beraubt und ihnen das Land nehmen wird.<

Der unvorstellbare Reichtum durch die Ölexporte neigt sich dem Ende zu. Nicht nur die Könige, Präsidenten oder Emire, sondern auch die Bürger im Mittleren Osten werden von dieser Revolution betroffen sein. Interessant ist die Formulierung von Nostradamus, nach der die Anzahl der Reichen unter den Muslimen »begrenzt« wird. Und damit es auch ja keine Missverständnisse gibt, spricht Nostradamus hier explizit von den »Freitaglern«, also denjenigen, für die der Freitag ein religiöser Feier- bzw. Gebetstag ist.

Dieser Textblock ist also ganz offensichtlich für die Länder am Persischen Golf und besonders für Saudi-Arabien bestimmt. In den angrenzenden Staaten Irak, Iran, Syrien, Ägypten und Jemen haben sich politische und religiöse Veränderungen ergeben, die von den ölreichen Ländern übersehen wurden. Eine »Nachlässigkeit«, die einen rasanten Umsturz zur Folge haben wird!

> »Es kommt zu einem Angriff und zur sofortigen Niederlage. Der Grund ist eine plötzliche Nachlässigkeit. Das Hohe wird tief gesetzt und das Niedere hoch. Das schöne arabische Viertel man beraubt und ihnen das Land nehmen wird.«

Nostradamus sagt den reichen Ölprofiteuren ihr Ende voraus. Man könnte an eine Art neues Dogma im Islam denken, das die bisher Privilegierten in die Armut schickt und die zuvor Armen reich macht.

Von ihrem Anteil am Weltislam her machen die Ölstaaten etwa zehn Prozent der Gläubigen aus. Und es ist keinesfalls so, dass die neunhundert Millionen armer Muslime auf dieser Welt mit dem Treiben der wenigen reichen Ölscheichs einverstanden wären. Zähneknirschend müssen sie akzeptieren, dass die zwei heiligen Stätten, Mekka und Medina, sich unter der Kontrolle der Ölprofiteure befinden. Zwar wird von Seiten der Saudis alles getan, um jedem Pilger nach Mekka die Reise zu finanzieren, doch wird diese Hilfe von den solcherart Beschenkten nicht honoriert. Der Schlusssatz dieses Textblocks bestätigt noch einmal, dass wir es hier mit der Zukunft Arabiens im weitesten Sinne zu tun haben:

»Das schöne arabische Viertel man beraubt und ihnen das Land nehmen wird.«

Natürlich geht es um Dubai, Abu Dhabi und die Emirate. Sie alle haben gigantische Bauten errichtet und bieten in ihren Verkaufspalästen Gold, Juwelen, Mode und Luxuswaren jeglicher Art feil. An anderer Stelle spricht Nostradamus davon, dass man diesen Reichtum plündern wird.

So bleibt uns jetzt nur noch zu fragen, wer bzw. welche islamischen Staaten für diese Raubzüge in Frage kommen. Es sind der Iran und Ägypten, wobei ich mir ziemlich sicher bin, dass es wohl in erster Linie Ägypten sein wird. Zwischen dem Iran und Syrien einerseits und dem Rest der arabischen Staaten andererseits gibt es eine natürliche Schranke, und das ist der Glaube. Der Iran und Syrien repräsentieren die Schiiten, Ägypten die Sunniten. Wenn es also zu einer Aushöhlung der Machtverhältnisse beispielsweise in Saudi-Arabien kommen kann, dann nur durch die Sunniten. Kein Saudi wird einem Schiiten sein Ohr leihen.

Was ebenfalls für Ägypten in einer Zeit nach der Herrschaftsperiode von Mubarak und Co. spricht, ist die militärische Stärke des Landes. Ägypten ist neben dem Iran der einzige Staat der Region, der Divisionen in einen Kampf entsenden kann. Kurzum: Nostradamus sagt für die arabischen Ölstaaten einen Umsturz und praktisch ihr Ende bis zum Jahr 2050 voraus.

Ungeheuerliches verkündet Nostradamus für unsere unmittelbare Zukunft.

Hier der reine Text:

»Gott vorher dem Vater das Kind getötet haben wird. Die Erschütterungen werden stark sein. Es gibt nur noch Almosen von der nicht menschlichen Regierung für die Nachkommenschaft der Engel. Sinnbild ist eine Art goldener Falke.

Graupel des Hasses man sehen wird. Zuvor seine Insel erblassen wird. Die Schutzmaßnahme danach findet man zwischen dem Verdrehten in der chemischen Formel. Die Dehnung dieser Verbindung erfordert dreifache Kraft.

Vernarbung der Haut. Zuvor jedoch wird die Haut von weißlichem Eiter, wie Spiegeleier aussehend, bedeckt sein. Nicht mit neuen Medikamenten wird man dies überstehen. Durch Einen, der über den Tod jammert, ein geschlossenes Zeichen gemacht wird. Man errichte Hindernisse gegen eine benachbarte Krankheit und bekämpfe eine Krankheit des Geistes.

Neues Gehüpfe der Deutschen im Namen Johannes'.

Der gefangene Krieg nur zur Hälfte eingeschlossen ist. Schreie, Lamentieren wird man haben wegen der Gefahr des Öligen.

Ein Wurfspieß zuvor kriecherisch irrt. Tausend Orte werden nur noch wie ein Baumstumpf sein. Herunterfallen werden Hagelkörner so groß wie Eier.

Lange Zeit der Frieden ihnen bewahrt wird. Und in

Deutschland dem betagten Ehemann ein eingeschränktes Lebensalter.«

In diesem Textblock kommen die Deutschen bei Nostradamus vor. Das ist umso erstaunlicher, als der Seher in den anderen Texten für dieses Jahrhundert die Deutschen nicht erwähnt. Auch hier ist der Hinweis wichtig, dass es an dieser Stelle keine konkrete Zeitangabe gibt. Wir können aber annehmen, dass diese Prophezeiung wahrscheinlich für das erste Drittel des 21. Jahrhunderts niedergelegt wurde. Sie beginnt mysteriös:

»Gott vorher dem Vater das Kind getötet haben wird.«

Das ist nun wirklich ein seltsamer Spruch, den wir beim besten Willen zurzeit noch nicht zuordnen können. Allenfalls ließe sich spekulieren, dass es sich um eine Situation nach dem Dritten Weltkrieg handeln könnte. Lassen wir den Satz einfach stehen, denn man wird später einmal erkennen, was der Prophet aus Salon-de-Provence damit gemeint hat.

Lebensmittelrationierungen durch Computer
Ganz offensichtlich aber beschreibt Nostradamus in diesem Text die Situation nach dem Dritten Weltkrieg und hier im Besonderen die Versorgungslage der Überlebenden.

»Die Erschütterungen werden stark sein. Es gibt nur noch Almosen von der nicht menschlichen Regierung für die Nachkommenschaft der Engel. Sinnbild ist eine Art goldener Falke.«

Nostradamus spricht hier von »Erschütterungen«; sind damit wohl die Explosionen der Nuklearwaffen gemeint oder die

Folgen von Erdbeben? Der bevorstehende große Krieg des 21. Jahrhunderts wird in der Vergangenheit kein Vorbild haben und auch für das gesamte dritte Jahrtausend einmalig bleiben. Doch der Schock, den er den Menschen versetzt, wird unseren Nachkommen noch bis weit in das 26. Jahrhundert hinein innewohnen und diesem Jahrtausend dadurch eine ganz andere Richtung und einen anderen Verlauf geben, als es sich Politiker oder Experten heute ausmalen können.

Es wird in diesem Zeitalter im Übrigen keine Erwartungshaltungen mehr geben, wie sie für die jetzigen Weltreligionen kennzeichnend sind: Im jüdischen Ritus wartet man auf den Messias, bei den Christen auf die Wiederkunft Jesu und bei den Muslimen auf einen Mahdi. Der Dritte Weltkrieg lässt sie anscheinend andere Schwerpunkte setzen. Es wird zu einer Annäherung der Vorstellungen kommen. Unterschiedliche Meinungen wird es natürlich geben, wenn es zum Beispiel um die Lebensverlängerung geht, doch auch dieser Streit löst sich nach dem 26. Jahrhundert auf. Dann wird es nämlich nur noch um Fragen der »Physik hinter der Physik« gehen, wie es Nostradamus ausdrückt.

Lassen Sie uns aber nach diesem allgemeinen Ausblick wieder zurück in die unmittelbar bevorstehende Zukunft blicken. Der Dritte Weltkrieg hat einen absoluten Versorgungsnotstand hinterlassen. Es gibt kaum noch unverseuchte Landstriche, wo Lebensmittel angebaut werden könnten. Die Techniken der Lebensmittelchemie sind immer noch bekannt, man scheitert jedoch an den veränderten Bedingungen. Man kann es sich in etwa so vorstellen, dass die Menschen gezwungen sein werden, Lebensmittel so gut es geht künstlich herzustellen, die dafür notwendigen Anlagen jedoch erst noch gebaut werden müssen. In dieser von großem Mangel geprägten Übergangszeit kommt es weltweit zur Rationierung der vorhandenen Nahrung. Und genau hier setzt nun der Seherspruch des Nostradamus an. Er spricht von der »nicht menschlichen Regierung«. Allzu leicht mag man dies als »unmenschliche Regierung« deuten, und vor hundert Jahren hätte es auch noch keine denkbare Alternative dazu gegeben, weil Computer und Elektronik noch nicht bekannt waren.

Stellen Sie sich nun bitte vor, Sie wären ein verantwortlicher Regierungschef in einer Art Weltregierung. Wie würden Sie die zur Verfügung stehenden Lebensmittel verteilen bzw. zuteilen? Natürlich können Sie das nicht allein bewerkstelligen, sondern brauchen Hilfe. Wenn Sie nun aber Menschen heranziehen, kommt es zwangsläufig über kurz oder lang zum Missbrauch dieser Funktion, da zumindest einige Ihrer Mitarbeiter ihre persönlichen Interessen über die der bedürftigen Allgemeinheit stellen werden. Also gibt es nur eine einzige Möglichkeit, jedem Menschen unparteiisch, selbstlos und gerecht seinen Anteil zukommen zu lassen, nämlich mittels eines Computerprogramms. Jedem Menschen wird also eine Nummer zugeteilt, und an diese Nummer werden zum Beispiel Lebensmittel mit einem Nährwert von tausend Kalorien pro Tag ausgegeben.

Nostradamus spricht dann von der »Nachkommenschaft der Engel«. Diese Formulierung scheint eine feinsinnige Umschreibung für das Manna in der Bibel zu sein, das für die Israeliten während ihrer Wanderschaft vom Himmel regnete. Der »Falke« wiederum ist eine Gottheit bei den alten Ägyptern. Genau genommen, ist es der Horusfalke. Welche Rolle er spielen oder warum man ihn zum Symbol küren wird, bleibt für uns Heutige leider noch im Dunkeln. Vermutlich will Nostradamus lediglich die dann Lebenden darauf aufmerksam machen, dass dieses Versorgungssystem von ihm vorausgesehen wurde und gut ist. Denn einzig darauf kommt es an: dass die Menschen es mit Zuversicht begrüßen!

Anschließend beschreibt Nostradamus die Waffen und möglichen Maßnahmen, die man in dieser grausigen Situation noch ergreifen kann. Er kommt auf den »großen Töter« der Menschen im Dritten Weltkrieg zu sprechen:

»Graupel des Hasses man sehen wird. Zuvor seine Insel erblassen wird.«

Als ich diesen Text zum ersten Mal las, habe ich zweimal hingeschaut und mich gefragt, ob es im ersten Satz tatsächlich »sehen« oder nicht vielleicht besser doch »säen« heißen muss. Graupel sind bekanntlich Eisstückchen, die vom Himmel fallen. Sie werden nicht in die Erde gelegt oder gesteckt, damit sie sich vermehren. Nun gut, das sprach für »sehen«. Auch der erneute Blick in das Original zeigte, dass die Übersetzung korrekt ist. Es heißt tatsächlich »sehen wird«! Das bedeutet, dass diejenigen, die den Dritten Weltkrieg erleben werden, das alles verseuchende Gift in Form von Hagelkörnern vom Himmel fallen sehen. Wer meine Veröffentlichungen zum Thema Dritter Weltkrieg seit 1985 kennt, der weiß, dass Nostradamus eine Waffe beschreibt, die über Großbritannien eingesetzt werden wird. Man wird die Wolken, die darüber hinwegziehen und abregnen, zuvor mit einem Gift geimpft haben. Leider wird es nicht nur die Insel treffen, sondern ganz Nordeuropa bis tief nach Russland hinein. Nur mit diesem Vorwissen ist im Übrigen die Anmerkung des Nostradamus zu verstehen, dass zuvor die »Insel erblassen wird«.

Schutz vor chemischen Waffen

Nostradamus gilt bis auf den heutigen Tag als ein Prophet, der ausschließlich Unglück, Leid und Tod vorhergesagt hat. Das stimmt aber nicht! Und auch die Annahme, dass er die Greuel herbeigewünscht und deshalb in seinem Buch in katalogisierter Form hinterlegt habe, ist grundfalsch und rührt von einer irrigen Ansicht des ausgehenden Mittelalters her. Mit Hilfe der hier nun vorliegenden Texte sollte hinreichend klar werden, dass Nostradamus auch Hinweise hinterlassen hat, wie man sich als Mensch vor den künftigen Gefahren schützen kann. Klingt der nachfolgende Text nicht geradezu wie ein spezieller Hinweis für Chemiker und Pharmakologen:

»Die Schutzmaßnahme danach findet man zwischen dem Verdrehten in der chemischen Formel. Die Dehnung dieser Verbindung erfordert dreifache Kraft.«

Beschreibt Nostradamus hier eine Situation aus der Chemie, oder ist es die Beschreibung einer Waffe aus der Biochemie? »Dreifache Kraft« könnte dreiwertig bedeuten, »Dehnung« eine Aufspaltung sein. Experten müssen an diesen Text herangehen und versuchen, ihn mit den ihnen heute bekannten Techniken und Möglichkeiten der B- und C-Waffen zu vergleichen, und die Ähnlichkeiten für weitere Überlegungen nutzen.

Vielfach wird heute ja schon über eine Waffe diskutiert, die nur für ganz bestimmte Erbgutträger schädlich ist. Umgekehrt formuliert bedeutet dies, dass diejenigen, die anderes Erbgut in sich tragen, gegen diese Waffe immun sind. Ich neige der letzteren Variante zu. In diesem Fall hätten wir in der Beschreibung des Nostradamus den Hinweis auf die Schwachstelle der Opfer dieser Waffe; lesen wir einfach noch einmal und versuchen uns zu merken, was uns der Seher für den Fall der Fälle mit auf den Weg gegeben hat:

>Die Schutzmaßnahme danach findet man zwischen dem Verdrehten in der chemischen Formel. Die Dehnung dieser Verbindung erfordert dreifache Kraft.«

Anschließend wendet sich Nostradamus den äußerlich sichtbaren Symptomen des Schadens zu. Es geht um unser größtes Organ, die Haut:

>Vernarbung der Haut. Zuvor jedoch wird die Haut von weißlichem Eiter, wie Spiegeleier aussehend, bedeckt sein. Nicht mit neuen Medikamenten wird man dies überstehen. Durch Einen, der über den Tod jammert, ein geschlossenes Zeichen gemacht wird. Man errichte Hindernisse gegen eine benachbarte Krankheit und bekämpfe eine Krankheit des Geistes.«

Dies sind ganz klare Anweisungen, wie der Erkrankte bzw. Kontaminierte zu behandeln ist. Die Haut beginnt an den befallenen Stellen zu eitern. Man darf dies also als einen Hinweis auf eine Art Kontaktgift interpretieren. Kommt der giftige Niederschlag mit der Haut in Berührung, dann zeigt sie die genannten Symptome, es bildet sich ein Hof und in seiner Mitte ein Eiterpunkt.

Erstaunlich und auf den ersten Blick beängstigend ist, dass Nostradamus nun schreibt, man könne diese Erkrankung mit neuen Medikamenten nicht heilen. Das bedeutet nämlich auch, dass es sich nicht um Bakterien handeln kann, die eine Abwehrreaktion des Körpers auslösen. Dann könnten Anti-

biotika Hilfe bringen, aber das wären aus des Sehers Sicht ja
»neue Medikamente«. Diese aber und mit ihnen die gesamte
moderne Medizin weist Nostradamus an dieser Stelle zurück:
Die gesundheitlichen Folgen der Waffe bekomme man damit
nicht in den Griff! Im Dunkeln bleibt für uns leider auch die
Bemerkung, dass durch den »Einen, der über den Tod jammert, ein geschlossenes Zeichen gemacht wird«. Allenfalls
können wir das vorsichtig als einen Hinweis auf Isolierung
bzw. Quarantäne und ähnliche Eindämmungsmaßnahmen interpretieren.

Nun wird Nostradamus für uns wieder deutlicher. Er
spricht davon, dass es zu einer Begleiterkrankung kommt, auf
die man besonders achten soll. Offenbar ist es möglich, wenigstens diese Symptome mit den heute bekannten Mitteln
einzudämmen. Vermutlich handelt es sich bei der Erkrankung
um Nierenversagen, weil er dies in den Folgeblöcken themati-
siert. Dafür spricht auch die »Krankheit des Geistes«, also
eine Art Delirium infolge einer Vergiftung des Körpers.

Gehüpfe der Deutschen

Im weiteren Textverlauf spricht Nostradamus etwas an, das
ich bis heute weder deuten noch im Entferntesten einer Bewegung zuordnen kann. Es geht hier zwar offensichtlich um
eine religiöse Gruppe, in deren Mittelpunkt vermutlich Johannes steht, aber was soll das für eine Gruppe sein?

>»Neues Gehüpfe der Deutschen im Namen Johannes'.«

Was mag hinter der Beschreibung »Gehüpfe der Deutschen«
stecken? Laufen sie wieder einem Führer nach oder hüpfen
um ihn herum? Ein Papst deutscher Herkunft mit dem Namen
Johannes wäre theoretisch auch möglich, doch haben wir ja

schon bei Nostradamus gelesen, dass der auserwählte Deutsche noch vor seiner Ausrufung ermordet wird. Aber gewiss werden einige meiner Leserinnen und Leser in den kommenden Jahrzehnten erkennen können, was Nostradamus an dieser Stelle gemeint hat.

Wer meine Veröffentlichungen kennt, der weiß, dass ich stets darauf hinweise, dass der Dritte Weltkrieg eigentlich aus zwei Kriegen in vier Jahren bestehen wird. Im folgenden Satz dieses Textabschnitts ist diese Situation beschrieben:

»Der gefangene Krieg nur zur Hälfte eingeschlossen ist. Schreie, Lamentieren wird man haben wegen der Gefahr des Öligen.«

Nach dem ersten Schlagabtausch mit Raketen, Bomben, Feuer etc. kommt es offensichtlich zu einem Waffenstillstand oder muss es zu einer Waffenruhe kommen, weil alle »Munition« verschossen worden ist. Trotzdem scheint noch eine Gefahr zu bestehen, über die man dann heftig »schreien« wird, womit wohl lauter Protest gemeint ist. Hier erwähnt Nostradamus auch die »Gefahr des Öligen«. An anderer Stelle spricht er davon, dass die Vergiftung der Wolken, die dann die »Graupel des Hasses« erzeugen, durch »zwei Öle« erfolgen wird.

Die Katastrophe wird durch eine Cruise Missile ausgelöst
Die letzten Sätze in diesem Textblock sind wieder glasklar formuliert, und ihr Inhalt ist leicht zu dechiffrieren:

»Ein Wurfspieß zuvor kriecherisch irrt. Tausend Orte werden nur noch wie ein Baumstumpf sein. Herunterfallen werden Hagelkörner so groß wie Eier.«

Jeder von uns hat schon von den »Wurfspießen« des Himmels gehört oder sie sogar gesehen, als die US-Streitkräfte ihre Cruise Missiles abschossen.

Nostradamus jedenfalls beschreibt eine Situation, der offenbar entscheidende Bedeutung zukommt. Ein Wurfspieß »irrt«. Das heißt also, dass eine Rakete vom Kurs abkommt, sei es, weil sie falsch programmiert wurde, sei es, dass externe Elektronik sie gestört hat. Eine treffliche Beschreibung von einem Mann, der vor einem halben Jahrtausend lebte! Von dem Wurfspieß sagt Nostradamus, dass er sich »kriecherisch« fortbewegt. Besser kann man den an das Gelände angepassten Flug einer Cruise Missile nicht beschreiben! Von welcher Nation die betreffende Rakete abgefeuert wurde, wird nicht erwähnt und bleibe dahingestellt. Auf jeden Fall »irrt« sie und schlägt an einem Punkt ein, von dem dann eine Katastrophe mit verheerenden Auswirkungen ihren Ausgang nimmt. Denn Nostradamus schreibt weiter, dass tausend Orte »wie ein Baumstumpf« sein werden, also tot. Nur noch klägliche Reste werden vorhanden sein. Der Ausdruck »tausend Orte« soll verdeutlichen, dass es sich um sehr, sehr viele Städte etc. handeln wird, die durch die Explosion an jenem Punkt zerstört werden.

Es liegt also auf der Hand zu vermuten, dass die Rakete ein unterirdisches Waffenarsenal treffen wird, das dadurch außer Kontrolle gerät und sein vernichtendes Potenzial entfaltet.

Der letzte Satz in diesem Textblock bezieht sich merkwürdigerweise nochmals auf Deutschland. In den chronologisch geordneten Vierzeilern kommt Deutschland, wie gesagt, nur sehr selten vor. Hier aber, nach dem Dritten Weltkrieg, scheint es, als würde das, was von Deutschland übrig geblieben ist, eine große Rolle spielen:

»Lange Zeit der Frieden ihnen bewahrt wird. Und in Deutschland dem betagten Ehemann ein eingeschränktes Lebensalter.«

Ich muss diese Sätze so im Raum stehen lassen, wie Nostradamus sie uns hinterlegt hat. Nur so viel sei gesagt, dass den Deutschen nach dem Dritten Weltkrieg eine Friedenszeit bevorsteht. Wer auch immer der »betagte Ehemann« ist und was es mit seinem Lebensalter zu tun hat, bleibt im Dunkeln. Oder sollte Nostradamus damit etwa Martin Luther gemeint haben, jenen Mönch, der eine Frau ehelichte und durch den die katholische Kirche gespalten wurde?

Was spricht dafür? Eigentlich nicht viel, aber immerhin geht es in dem darauf folgenden Textblock um die anglikanische Kirche und ihren wachsenden Einfluss im Christentum. Warum sollte Nostradamus hier nicht auch schon eine Anmerkung dazu gemacht haben, dass den Protestanten (und somit auch den Freikirchen, Methodisten, Baptisten etc.) nur noch ein kurzes Dasein beschieden sein wird, weil sie im 21. Jahrhundert in einer neuen Gemeinsamkeit mit Juden, anderen Christen und wem auch immer sonst noch aufgehen werden? Aber wie gesagt, mehr als Mutmaßungen sind darüber nicht möglich.

Ungeheuerliches verkündet Nostradamus für unsere unmittelbare Zukunft.

Hier der reine Text:

»Römische Geistlichkeit von 1609. Der Herr derjenigen, die man dressiert durch die Regierung der reichen Seelen. An der Grenze des Wohlschmeckenden und der leuchtenden Quadrate. Die Zeit haben sie noch, um Frankreich zu regieren. Zeit zum Leben. Zum Kern der Jahre sie ihn durch Wahl gemacht haben.

Der Segelschneider sich stürmische Zeit macht durch das Zum-Gefrieren-Bringen.

Kein Krieg kauert lange am Grund des Tales. Ignorantes Blut, Tod, Wut und Raub. Von einem Grauen und Schwarzen in Begleitung des Pagen. Jesus! Oh, Gott!

Als Erbe erscheinen wird bei der Zehn ein zur Gewalt Geborener. In der ranzigen Stadt befindet sich Chemisches in ihrer Laute.

In keine Blähung gestellt wird das Leben.

Wenn die Elf ebenfalls machen wird solch Böses. Schiffskiele auf Stelzen wird man überall auflegen im Trüben.

Im Leben man Nasen wie Kugeln hat und große Bischofsmützen. Der König ist ohne Macht, viele des Glaubens in der Küche.«

Die Anglikaner auf dem Weg zur Führerschaft unter den Christen

Zu den Besonderheiten des 21. Jahrhunderts gehört auch eine Verschiebung des Machtschwerpunktes in der weströmischen Kirche. Ich meine hiermit die heutige katholische Kirche und die aus ihr hervorgegangenen Abspaltungen, wie Protestanten, Anglikaner, Baptisten, Methodisten, Mormonen usw. Damit es keine Missverständnisse gibt, benennt Nostradamus hier die englische Hochkirche, das heißt die Anglikaner. Zu ihnen wird sich, so erfahren wir an dieser Stelle, der Machtschwerpunkt innerhalb der Christenheit verlagern. Der Seher hinterlegt uns:

> »Römische Geistlichkeit von 1609. Der Herr derjenigen, die man dressiert durch die Regierung der reichen Seelen. An der Grenze des Wohlschmeckenden und der leuchtenden Quadrate. Die Zeit haben sie noch, um Frankreich zu regieren. Zeit zum Leben. Zum Kern der Jahre sie ihn durch Wahl gemacht haben.«

Für uns zu Beginn des 21. Jahrhunderts lebende »Seelen«, um im Stil des Nostradamus zu bleiben, sind die ersten Worte dieser Seherbotschaft sehr verwirrend. Unter römischer Geistlichkeit verstehen wir doch den Vatikan und im weiteren Sinne den Papst. Es sind vier Worte, die eine ganze Geschichte erzählen. 1609 ist das Schlüsselwort. Im Jahr 1604 veranlasste nämlich der englische König Jakob I., dass die lateinische Bibel ins Englische übersetzt werde. Eine Anzahl von Gelehrten erfüllte diesen Auftrag, so dass im Jahr 1611 die erste Ausgabe der King-James-Bibel veröffentlicht werden konnte (»James«; engl. für »Jakob«), die von englischsprachigen Christen bis heute verwendet wird.

Rückblickend kann man sagen, dass mit diesem Schritt die Abspaltung von der römisch-katholischen Kirche vollendet wurde. Wie wir heute wissen, hat sich die anglikanische Kirche zudem im Einflussgebiet der britischen Krone in den Kolonien durchgesetzt. Die wiederum aus der anglikanischen Kirche hervorgegangenen Freikirchen, beispielsweise die Mormonen, aber auch die Methodisten, beherrschen heute das reiche Nordamerika.

Nach dem Dritten Weltkrieg wird es laut Nostradamus zu einer Situation kommen, in der die Überlebenden in den heutigen USA den Ton angeben, wenn es darum geht, wie der christliche Glaube praktiziert werden soll. Für viele mag es heute noch unvorstellbar sein, aber der Papst wird bis spätestens 2061 (so geht aus anderen Texten eindeutig hervor!) Rom als Sitz des Heiligen Stuhls verlassen haben. Sein Einfluss wird aber ohnehin durch den Zusammenbruch der Bistümer über Nacht geschrumpft sein. Diesen Punkt sollte man sich immer vor Augen halten, wenn man über die Möglichkeit nachdenkt, dass die römisch-katholische Kirche ihre heutige Macht und Größe verlieren könnte.

Nur nebenbei: Offensichtlich gibt es ja auch von anderer Seite Seherbotschaften, die einen Niedergang Roms beschrieben. Es wird bekanntlich immer noch gerätselt, welche Botschaften die Kinder von Fatima wohl wirklich erhalten haben. Man munkelt, dass einer jener Päpste, die Gelegenheit hatten, diese Texte unzensiert zu lesen, vor Schreck in Ohnmacht fiel. Warum wohl?

Die restlichen Worte dieser Zeilen bleiben für uns heute noch im Dunkeln. Es gibt keinerlei Hinweis, auch nicht an anderer Stelle bei Nostradamus, der uns eine Erläuterung zu den Ausdrücken »Grenze des Wohlschmeckenden« und »leuchtende Quadrate« gibt. Man kann allenfalls festhalten, dass der aus Rom geflohene Papst sich in Frankreich aufhalten und es sich um eine verhältnismäßig einflussreiche Persönlichkeit handeln wird. Frankreich wäre demnach, so können wir mutmaßen, die letzte Bastion des Katholizismus.

Unwillkürlich fragt man sich hier, was dann wohl aus Südamerika und den dortigen katholischen Staaten geworden sein wird. Denkbar ist, dass dort im 21. Jahrhundert eine Entwicklung eintritt, die zwar einen »neuen Katholizismus« hervorbringt, der jedoch vom letzten Überbleibsel des römischen Weltreichs nicht anerkannt wird.

Bei dem, was Nostradamus nach dem Ausblick auf die katholische Kirche nun folgen lässt, wird er auf seine ihm eigene Art wieder sehr deutlich:

> »Der Segelschneider sich stürmische Zeit macht durch das Zum-Gefrieren-Bringen.«

Der Segelschneider, also derjenige, der die Voraussetzungen dafür schafft, dass ein Schiff mit der Kraft des Windes in Bewegung gebracht wird, sorgt selbst für »stürmische Zeiten«! Das kann nur heißen, dass er, der durch die Machart seiner Segel das Schicksal des Schiffes bestimmt, eine Art der Anfertigung wählt, die kein einfaches Segeln erlaubt. Noch abstrakter gesagt: Welche Macht auch immer unser Schicksal lenkt, sie lässt uns in stürmische Zeiten segeln, bei denen es sich natürlich, wie wir bereits wissen, um die kleine Eiszeit handelt, die uns bevorsteht.

In den nächsten Textblöcken geht Nostradamus sehr genau auf diese Episode ein. Die durchschnittliche Temperatur der Erde wird durch eine Katastrophe, die sich auf der Sonne ereignet, um 20 Grad sinken. Klirrende Kälte und großflächige Vereisung werden die Folge sein – dramatische Entwick-

lungen also, die in etwa für die Jahre um 2070 abzusehen
sind.

Wer in seinem Bewusstsein die Möglichkeit nicht einkal-
kuliert, dass eine solche Eiszeit durch unsere Sonne ausgelöst
werden kann, der kann auch die folgenden Worte nicht verstehen, die sich auf Planeten unseres Sonnensystems und mindestens einen Mond beziehen:

> »Kein Krieg kauert lange am Grund des Tales. Ignorantes
> Blut, Tod, Wut und Raub. Von einem Grauen und Schwar-
> zen in Begleitung des Pagen. [Es folgt ein Schreckensaus-
> ruf:] Jesus! Oh, Gott!«

Wir haben es hier mit der Beschreibung der Situation während des Erlöschens unserer Sonne zu tun. In dieser Zeit oder
möglicherweise auch noch vor ihr wird es auf der Erde keine
Kriege geben. Die Wissenschaftler dürften sich mittlerweile
in zwei Lager gespalten haben, wobei die einen von einem
Erlöschen der Sonne ausgehen und die anderen solcherlei Be-
fürchtungen sträflich ignorieren. Viele Tote wird es geben,
und der Verteilungskampf der Lebensmittel beginnt. Nostradamus nennt hier offenbar zwei chemische Bausteine, die bei
der Produktion eine Rolle spielen werden. Vermutlich werden sie, anders als von uns, von den in dieser Zeit lebenden
Chemikern identifiziert werden können. Es geht auf jeden
Fall um ein Molekül, das über einen bestimmten Baustein
verfügt, den Nostradamus als den »Grauen« bezeichnet und
zu dem noch ein weiterer Baustein hinzukommt, den er
»schwarz« nennt, woraufhin ein »Schreckensausruf« erfolgt,
der sich bei Nostradamus immer an Stellen mit unvorstellba-
rer Dramatik findet.

Passiert es 2011?

Während ich diese Zeilen schreibe, befinden wir uns im Herbst des Jahres 2010. Der nächste Satz des Sehers bezieht sich auf eine »Zehn«, wobei die genaue Formulierung wieder lautet: »bei der Zehn«. »Bei« ist, wie wir schon gesehen haben, ein von Nostradamus gern verwendeter Ausdruck. Auf den ersten Blick meint der Leser, dass es sich um das Jahr 2010 handelt. »Bei der Zehn« heißt aber nun eben entweder »neun« oder »elf«. Demnach sagt er uns hier wieder entweder etwas für das Jahr 2009 oder das Jahr 2011 voraus.

> »Als Erbe erscheinen wird bei der Zehn ein zur Gewalt Geborener. In der ranzigen Stadt befindet sich Chemisches in ihrer Laute.«

Vermutlich im Jahr 2011 werden wir eine Situation erleben, in welcher der Nachfolger eines Regierenden an die Macht kommt. Der Regierende muss auf jeden Fall ums Leben gekommen sein, denn sonst würde Nostradamus seinen Nachfolger nicht als »Erben« bezeichnen! Ebendieser Nachfolger nun ist von Geburt an dafür bestimmt, Gewalt auszuüben und so zur Geißel der Menschheit zu werden. Zur selben Zeit wird offensichtlich auch ein chemischer Anschlag geplant.

An dieser Stelle muss ich Ihnen, liebe Leserinnen und Leser, einen weiteren Begriff erklären, der von Nostradamus in bestimmten Fällen gebraucht wird. Es ist das Wort »ranzig«. Wenn eine bestimmte Ware – Käse, Butter, Obst – zu lange und unter ungeeigneten Bedingungen lagert, dann wird sie bekanntlich ranzig. Nostradamus verwendet den Begriff aber nicht in Bezug auf Waren, sondern in Bezug auf Menschen und hier vor allem auf Amtsträger: Wenn nämlich ein Mensch sehr bzw. zu lange im Amt ist, dann meint der Seher diesen

Umstand, wenn er schreibt, der Mensch im Amt sei »ranzig« geworden; er versteht darunter alle typischen Erscheinungen solcher Situationen, wie Günstlings- und Klüngelwirtschaft sowie Einflussnahme durch Bestechung. Im vorliegenden Satz geht es nun gleich um eine ganze Stadt, die »ranzig« geworden ist, und zwar, weil von ihr zu lange die Macht ausgegangen ist. Auf den ersten Blick könnte man an Rom denken, aber ebenso gut könnte die City of London oder New York gemeint sein. Nostradamus sieht nun voraus, dass in einer dieser drei Städte ein Anschlag mit Chemie geplant wird.

Sie fragen sich, was diese »Chemie« mit einer »Laute« zu tun hat? Nun: In der mittelalterlichen Ikonographie wurde der Tod gern zusammen mit einem Musikinstrument dargestellt, zum Beispiel eben mit einer Laute. Man wollte damit bildlich ausdrücken, dass der Knochenmann zum Sterben aufspielt. Ein jeder mag sich nun also ausmalen, was dieses Bild uns sagen soll:

> »In der ranzigen Stadt befindet sich Chemisches in ihrer Laute.«

Tatsächlich befinden wir uns also in diesem Textblock mitten in der Beschreibung der Einzelheiten des Dritten Weltkriegs. Nostradamus offenbart nun schwarzen Humor und schreibt Folgendes nieder:

> »In keine Blähung gestellt wird das Leben.«

Als Arzt wusste er nur zu gut, dass der menschliche Körper nur dann keine Stoffwechselgase produziert, wenn er im Sinne des Wortes tot ist. Leidet er nicht mehr unter Blähungen, so merkt Nostradamus zynisch an, dann hat er auch keine anderen Probleme mehr, denn er ist selbst nicht mehr. Es handelt sich hier also um einen weiteren Hinweis auf den Tod, und dass Nostradamus ein Bild aus der Biologie verwendet, deutet darauf hin, dass es um den Menschen als solchen, das heißt um sehr, sehr viele Menschen geht!

> »Wenn die Elf ebenfalls machen wird solch Böses. Schiffs-
> kiele auf Stelzen wird man überall auflegen im Trüben.«

Die Schiffe auf Stelzen

Nostradamus sagt also für unsere nächste Zukunft den Ein-satz von Chemiewaffen voraus. Doch er begnügt sich nicht mit dem bloßen Hinweis, sondern erwähnt noch eine weitere Besonderheit. Es kommt nämlich in diesem Krieg offenbar darauf an, dass Schiffe, die auf Stelzen gleiten, also sehr schnell über das Wasser fahren können, von manchen Staaten längst heimlich gebaut worden sind und nun zum Einsatz kommen. Die Kriegführung zur See wird also auf Tragflügelboote um-gestellt werden.

Schon heute operieren die Iraner im Persischen Golf mit kleinen Gummischnellbooten. Neben der Wendigkeit dieser Boote dürfte auch die Möglichkeit, sie schnell wieder ver-schwinden zu lassen und sie unauffällig einlagern zu können, eine wichtige Rolle spielen. Gleich nach ihrem Erscheinen lau-ern sie also wieder im »Trüben« auf ihren nächsten Einsatz.

Ob diese Art der Seekriegführung auch mit dem Einsatz chemischer Waffen in Zusammenhang steht, bleibt hier unklar. Auf jeden Fall kommt Nostradamus nun aber wieder auf das Thema zu sprechen: Für die Überlebenden nach den Chemie-angriffen im Dritten Weltkrieg wird ein Aufenthalt im Freien nur möglich sein, wenn sie sich mit entsprechender Schutz-kleidung versehen. Nostradamus beschreibt die Schutzmasken wie folgt:

»Im Leben man Nasen wie Kugeln hat und große Bi-schofsmützen.«

Aus den Texten des Nostradamus wissen wir bisher, dass es sich bei dem giftigen Niederschlag um ein Kontaktgift handelt. Der Schutz sowohl für die Atmung als auch für die Haut muss daher lückenlos sein. Eine Gasmaske, wie wir sie kennen, wird zwar die Lungen schützen, nicht aber die Haut. Demnach wird ein sehr großer Bedarf an tauglichen Ganzkörper-Schutzanzügen bestehen.

Auch der letzte Satz offenbart Zynismus. Wo es keine Bürger mehr gibt (so muss man hier ergänzen), da gibt es auch keine Macht mehr über sie. Jede nur denkbare Infrastruktur ist fürs Erste mangels Menschen zusammengebrochen:

»Der König ist ohne Macht, viele des Glaubens in der Küche.«

Mit wenigen Worten beschreibt Nostradamus die Situation. Der Regierende hat nichts mehr zu sagen, und auch viele Priester werden buchstäblich durch den Fleischwolf gedreht. Sie fragen sich, wie ich nun darauf komme? Nostradamus benutzt hier zwar nur das Wort »Küche«, den Fleischwolf hat er nicht gekannt. Es war aber im Mittelalter üblich, den Ausdruck, jemand sei gerade »in der Küche«, zu verwenden, wenn man sagen wollte, dass einer quasi »in die Mangel« genommen wurde.

Die Überlebenden hadern nun zwar sicher mit ihrem Schicksal, doch es wird nicht die Stunde derjenigen sein, die meinen, mit dem Hinweis auf den Glauben die Menschen trösten zu können.

Ungeheuerliches verkündet Nostradamus für unsere unmittelbare Zukunft.

Hier der reine Text:

»Hundertmal sterben wird der unmenschliche Tyrann. Hundert Weltanschauungen werden getötet werden. Hundert Glauben sterben werden durch diejenigen des unmenschlichen Iran.

Hastiges Mutterschaf Rom, dein Rinnsal sich dir nicht nähert. Das jünger Geborene, um zu regieren das Verbannte. Nahe die Weiterbildung in das Alte der Jahre, das von Hecken eingeschränkt ist. Wenn es wieder an seinen Platz gestellt ist, zeigt es sich elegant und gutmütig.

Nichts jedoch bleibt von den in Stein gemauerten Thesen deines Blutes und deines Wesens, wenn erscheinen wird der Vater der zwei Kriege. Sterben wird die Empfehlung, denn am außergewöhnlichen Tag die Söhne werden das Erbe verleugnen.

Der ganze Senat wird in seiner Hand sein. Das Übel präpariert Briefe/Berichte. Dies wird machen eine solch schreckliche Schweinerei. Für seinen Tod der Mangel an Öl verantwortlich ist.

Durch die Macht der Vifs der Tod wird kommen aus der Tiefe des Wassers. Diese Phase wird durch das Böse in den Militärs zwischen Meer und Luft begünstigt. Man wird Eisen punktuell einsetzen, und zwar auf alles bis zum Ärmel.

Der Senat ist an die Leine gelegt. Seine Auflösung wird sich lange hinziehen und leicht sein.«

Zu viele Weltanschauungen provozieren den Dritten Weltkrieg

An dieser Stelle möchte ich Sie, liebe Leserinnen und Leser, daran erinnern, dass wir uns in den sehr ausführlichen Texten der Prophezeiungen des Nostradamus befinden, denen der Seher keine genaue Zeitangabe beigefügt hat. An anderer Stelle hat er diesen Text kommentiert und dabei lapidar festgestellt: »Wenn sich die Ereignisse, die hier beschrieben sind, runden, dann wird man die Zeit erkennen, für die sie geschrieben wurden.« In diesem Textblock können wir die aktuelle Situation erkennen, zumal Nostradamus die Kontrahenten eindeutig benennt.

Im ersten Abschnitt schreibt der Seher, dass am Ende des Dritten Weltkriegs die Vielzahl der Weltanschauungen verschwunden sein wird. Wo keine Menschen – da keine Ansichten!

> »Hundertmal sterben wird der unmenschliche Tyrann. Hundert Weltanschauungen werden getötet werden. Hundert Glauben sterben werden durch diejenigen des unmenschlichen Iran.«

Nostradamus nennt hier den Verantwortlichen für die große Tragödie, die bevorsteht. Er beschreibt die Person als unmenschlichen Tyrannen, und das Land nennt er auch: den Iran. Deutlicher könnten seine Worte nicht ausfallen, und wir haben keine Schwierigkeiten, Anfang des 21. Jahrhunderts zumindest einen Ansatz dafür zu erkennen, dass seine Vorhersage sich durchaus bewahrheiten könnte. Im nächsten Satz geht Nostradamus dann auf den Vatikan ein:

»Hastiges Mutterschaf Rom, dein Rinnsal sich dir nicht nähert. Das jünger Geborene, um zu regieren das Verbannte.«

Im Dunkeln liegen Worte wie »hastiges Mutterschaf«. Könnte es eine zynische Anmerkung sein in dem Sinne, dass die Mutterkirche kaum Zeit für ihre Lämmer hat? Man könnte es so sehen. Vom einst mächtigen Strom der Gläubigen bleibt laut Nostradamus nur noch ein »Rinnsal« übrig. Offensichtlich verlagert sich der Machtschwerpunkt des christlichen Glaubens tatsächlich in Richtung der anglikanischen Kirche. Auf das auslösende Ereignis dieser Entwicklung wurde bereits im Zusammenhang mit dem Jahr 1609 hingewiesen. Übrigens wäre dann in der Zukunft auch der Zölibat vom Tisch, denn anglikanische Geistliche dürfen heiraten!

Ein Wort der Erklärung noch zu dem Begriff »Verbannte«. Aus den mit Zeitangaben versehenen Vierzeilern geht hervor, dass Rom um das Jahr 2060 von den Christen aufgegeben wird, weil es dort zu heiß geworden ist und die Menschen deshalb in den Norden gezogen sind. Die bereits erwähnte »kleine Eiszeit« steht uns erst ab 2073 bevor!

Ist die Sonne unsere Relaisstation für die Kommunikation mit dem Universum?

Der nächste Abschnitt in diesem Text ist ohne Vorwissen nicht verständlich. Wir stehen hier unmittelbar vor einer Entdeckung von großer Tragweite, welche die Gesetzmäßigkeiten des Universums betrifft. Nostradamus formuliert so:

»Nahe die Weiterbildung in das Alte der Jahre, das von Hecken eingeschränkt ist. Wenn es wieder an seinen Platz gestellt ist, zeigt es sich elegant und gutmütig.«

Soweit wir heute wissen, spielen die Sonnen im All eine besondere Rolle. Sie gleichen Informationspunkten, deren Gebrauch wieder bekannt sein muss, um Intelligenzträgern die Kommunikation mit Geschaffenem im gesamten Universum zu ermöglichen.

Das Wissen um solche Möglichkeiten wurde von manchen Priestern im alten Ägypten genutzt, doch auch in Griechenland und in Asien wusste man darum. Denn überall, wo es seinerzeit einen Sonnenkult gab, findet man noch die Überreste jener Instrumente, mit deren Hilfe die Priester mit »Gott« oder in Asien mit dem »heiligen Drachen des Geistes« sprechen konnten. Nostradamus sagt für unsere Zeit die Restaurierung dieser Instrumente und eine Renaissance des Wissens von den Zusammenhängen im Universum voraus. »Elegant und gutmütig« nennt er die Zeit dieser Erkenntnis, weil man nun schneller hinter die ehernen Naturgesetze der Schöpfung kommen wird. Mit den nächsten Sätzen behandelt Nostradamus dann aber schon wieder den Dritten Weltkrieg:

»Nichts jedoch bleibt von den in Stein gemauerten Thesen deines Blutes und deines Wesens, wenn erscheinen wird der Vater der zwei Kriege. Sterben wird die Empfehlung, denn am außergewöhnlichen Tag die Söhne werden das Erbe verleugnen.«

Der Dritte Weltkrieg besteht, wie schon gesagt, eigentlich aus zwei Kriegen. Erneut schreibt Nostradamus hier, dass der Verantwortliche ein Mann ist. Einmal wurde er von ihm bereits als »unmenschlicher Tyrann« bezeichnet, hier nun nennt er ihn den »Vater der zwei Kriege«. Nicht auf den ersten Blick zu erkennen ist hingegen, wen oder was er mit den »Söhnen« meint, die »das Erbe verleugnen«. Abraham hatte zwei Söhne,

Ismael und Isaak. Heute sagt man, dass die Araber die Nachkommen des Ismael und die Bewohner des heutigen Israel die Nachkommen des Isaak seien. Nostradamus hinterlegt hier offenbar eine Anmerkung, die sich auf diese beiden Religionsgruppen bezieht und der zufolge beide das Erbe ihres Vaters Abraham verleugnen.

Die nächsten Sätze beziehen sich wieder auf unsere Zeit bzw. die jüngste Vergangenheit:

»Der ganze Senat wird in seiner Hand sein. Das Übel präpariert Briefe/Berichte. Dies wird machen eine solch schreckliche Schweinerei. Für seinen Tod der Mangel an Öl verantwortlich ist.«

Können Sie die Zuordnung erkennen? Nach dem 11. September 2001 gelang es der Regierung Bush, die Abgeordneten für sich zu gewinnen. Vergessen sind die mit Gift präparierten Briefe bis heute nicht. Der Senat musste sogar evakuiert werden. Viele Beobachter meinen inzwischen, dass aufgrund dieser Umstände dem Präsidenten Vollmachten gegeben wurden, die er sonst niemals hätte durchsetzen können. Deutlicher kann man den Vorgang nicht beschreiben: »Das Übel präpariert Briefe.« Gleichzeitig wurden mit Lügen Gründe »präpariert« und sogar dem UN-Sicherheitsrat vorgetragen, um den Krieg gegen den Irak zu rechtfertigen. In diesem Text des Nostradamus können wir lesen, dass – wie seinerzeit von vielen vermutet – tatsächlich ein möglicher Engpass in der Ölversorgung der eigentliche Grund für den Einmarsch der Truppen in den Irak gewesen ist.

Die nächsten Zeilen behandeln aufs Neue den Dritten Weltkrieg. Im französischen Text finden wir das Wort »vifs« praktisch unverschlüsselt, ich habe Ihnen weiter oben schon gezeigt, dass Nostradamus lediglich einen Buchstaben aus dem französischen Wort »Juif« für »Jude« weggelassen hat. Im Frankreich des Mittelalters und der Frühen Neuzeit war es eine wertfreie Bezeichnung, so wie wir heute Begriffe wie »die Deutschen«, »die Türken« oder »die Schweden« etc. verwenden. In unserem Fall bzw. auf unsere Zeit bezogen dürfte Nostradamus hier den Staat Israel gemeint haben. Demnach hat man dort im Meer Waffen installiert, die auch zum Einsatz gebracht werden. So könnte man sich zum Beispiel vorstellen, dass im Verlauf einer blutigen Auseinandersetzung mit dem Iran Raketen abgefeuert werden.

> »Durch die Macht der Vifs der Tod wird kommen aus der Tiefe des Wassers. Diese Phase wird durch das Böse in den Militärs zwischen Meer und Luft begünstigt. Man wird Eisen punktuell einsetzen, und zwar auf alles bis zum Ärmel.«

Nostradamus ist damit jedoch nicht einverstanden und gibt uns deshalb den Hinweis, dass dieser Einsatz der Waffen durch eine Auseinandersetzung zwischen Marine und Luftwaffe ausgelöst wird, so dass wir uns darauf einstellen können, indem wir erkennen, wenn es so weit ist. Nebenbei bemerkt, sind uns punktuelle Raketenschläge auf Gebäude etc. aus dem Irakkrieg ja hinlänglich bekannt.

Der letzte Satz in diesem Textabschnitt könnte sich auf den Senat in Washington beziehen, aber ebenso gut auch auf den Sitz der UNO in New York. Wenn es tatsächlich zu einem großen Desaster auf der Nordhalbkugel unserer Erde kommt, dann sind die meisten Länder betroffen und demzufolge organisatorisch nicht mehr in der Lage, den Vereinten Nationen überhaupt noch anzugehören.

Ungeheuerliches verkündet Nostradamus für unsere unmittelbare Zukunft.

Hier der reine Text:

»Gebet, welches die marmornen Mauern erweichen wird. Geheule für tausend Jahre, welch Weinen der Laute. Verwelkte Blumen.

Beim hellen (durchsichtigen) Mädchen schwitzt das Übel im Feuer. Glückliche Hochzeit, Rune L, 5 zu 10, Bodenhefe, ohne mitzuzählen das eigene Selbstbewusstsein.

Siebenundfünfzig Jahre Frieden, wenn das Große der Hundert auf den Karren steigen wird. Ohne Kinder seine Inseln geraten in Meinungsverschiedenheiten. Die Herde spricht schüchtern, durch/in Angst gefangen, besiegt, fünf Gesetze den Menschen. Erneuert das gallische Edikt, wechseln wird der Thron.

Nahe dem Juni wird es sein, dass sich das alte Wissen nähert. Zuvor gab es 18 unfähige Zeitalter, begleitet von mehreren verblassten, widerlich stinkenden Erstgeborenen.

Es werden folgen Gesundheit, große Früchte, Freude und honigsüße Zeit. Dann, wenn der Logos wieder emporkommt, erfolgt der Wechsel zum Zeitalter der Engel. Mit den anderen, bei den Niederen wird Übereinstimmung sein.

Durch das Schiff der Elohim durch die zehn Tafeln (Briefe) wurden sie überzeugt.«

Der Zusammenbruch alter Institutionen

In diesen Textblöcken des Nostradamus gibt es Seherbotschaften, die man nicht auf Anhieb zuordnen kann. Die
nächste Situationsbeschreibung ist ein Beispiel dafür:

>Gebet, welches die marmornen Mauern erweichen wird.
Geheule für tausend Jahre, welch Weinen der Laute. Verwelkte Blumen.«

Was meint Nostradamus mit den »marmornen Mauern«?
Zum einen ist der Vatikan mit seinen Prachtbauten mit viel
Marmor ausgestattet. Zum anderen haben wir aber auch die
beiden heiligen Städte in Saudi-Arabien, die Moscheen in
Mekka und Medina, deren Gebetsplätze für Millionen von
Betern mit Marmor ausgelegt sind.

Rein intuitiv ordne ich diese Sätze eher dem Islam und somit Mekka und Medina zu. An anderer Stelle deutet Nostradamus auch an, dass die heiligen Stätten des Islam unbewohnbar werden, so dass die Verantwortlichen den Mittelpunkt
ihres Glaubens nach Tunesien und später nach Rom verlegen
werden. Nostradamus greift hier auf eine Auffassung des
Mittelalters zurück, nach der gute Taten und Verdienste Blumen im Garten des Paradieses wachsen lassen.

Die chemische Formel

Chemiker aller Länder, merkt auf! Nostradamus schiebt an
dieser Stelle einen Hinweis auf eine chemische Formel ein.
Die Kunst besteht darin, das Geheimnis seiner Worte bei der
Praxis der Retortenproduktion umzusetzen:

>Beim hellen (durchsichtigen) Mädchen schwitzt das Übel
im Feuer. Glückliche Hochzeit, Rune L [= die römische

50, M. D.], 5 zu 10, Bodenhefe, ohne mitzuzählen das eigene Selbstbewusstsein.«

So könnte etwa das »durchsichtige Mädchen« ein Glaskolben sein. Der Inhalt ist wohl giftig, sonst würde Nostradamus diese Substanz nicht als »Übel« bezeichnen. Wenn nun dieses Übel »schwitzt«, dann könnte das eine treffende Beschreibung für eine Destillation sein. Die »glückliche Hochzeit« würde dann schildern, wie hier Substanzen zusammengehen, das heißt vermischt werden. Dazu passt, dass Verhältnisangaben folgen. Ich versuche hier nun, nur mit Laienkenntnissen gerüstet, einen Ansatz zu liefern. Wenn die Grundmenge mit 50 Teilen angenommen wird, dann ist der Grundmenge im Verhältnis fünf zu zehn »Bodenhefe« hinzuzugeben.

Es stellt sich allerdings die Frage, was Nostradamus überhaupt unter »Bodenhefe« versteht. Unter großem Vorbehalt und lediglich als Denkanstoß gemeint, möchte ich mutmaßen, dass es sich um Pilze oder Enzyme handelt. Die Experten werden es eines Tages wissen und besser verstehen, warum Nostradamus diese Formel in seine Prophezeiungen aufgenommen hat.

Vom Ende der Friedenszeit
Die nächste Textpassage enthält eine Zeitangabe, die für unsere Zeit interessant ist:

»Siebenundfünfzig Jahre Frieden, wenn das Große der Hundert auf den Karren steigen wird. Ohne Kinder seine Inseln geraten in Meinungsverschiedenheiten. Die Herde spricht schüchtern, durch/in Angst gefangen, besiegt, fünf Gesetze den Menschen. Erneuert das gallische Edikt, wechseln wird der Thron.«

Es geht um die 57 Friedensjahre. Hierbei müssen wir uns daran erinnern, dass Nostradamus in erster Linie ein Prophet der Franzosen und erst dann einer für Europa und die Welt ist. Es geht also um Friedensjahre für Frankreich, die nicht gleichbedeutend sein müssen mit Friedensjahren für den Rest der Welt; gleichzeitig kann ihr Ende natürlich sehr gut für einen globalen Krieg stehen!

Der letzte Krieg der Franzosen wurde in Algerien geführt und von Charles de Gaulle im Jahr 1962 beendet. Rechnen wir einmal 1962 plus 57, dann kommen wir auf das Jahr 2019. Somit hätten wir schon einmal eine erste Zahl berechnet. Ein weiterer möglicher Ansatz wäre der Indochina-Krieg der Franzosen, der 1954 zu Ende ging. 1954 plus 57 ergibt 2011 als zweite in Frage kommende Jahreszahl. Oder ist doch der Zweite Weltkrieg gemeint? Nehmen wir also die Zahl 1945 und addieren 57 dazu, dann kommen wir auf das Jahr 2002. Nicht wenig spricht für letzteres Datum, denn der Zweite Weltkrieg war immerhin der letzte Krieg auf französischem Boden. Ist aber damit die Frage schon beantwortet, welches Jahr Nostradamus nun gemeint haben könnte? 2002, 2011 und 2019 stehen als das Jahr zur Auswahl, in dem für Frankreich eine 57-jährige Friedenszeit zu Ende gehen wird bzw. gegangen ist.

Wenn man sich diese Jahreszahlen vor Augen hält, dann deutet tatsächlich zunächst einiges darauf hin, dass es sich um das Jahr 2002 handelt. Im September 2001 stürzten in New York die beiden Türme des World Trade Center nach einem Anschlag ein. Ein markantes Zeichen! Tatsächlich begann die Weltmacht USA in der Folgezeit, Verbündete, darunter auch Frankreich, zu sammeln, um militärisch gegen die »Achse des Bösen« vorzugehen. Einwenden muss man allerdings, dass die Franzosen nicht federführend beteiligt waren und dass dieser Krieg nicht auf französischem Boden ausgetragen wurde bzw. wird. Wir sollten das Jahr 2002 deshalb ausschließen, so dass noch die Jahre 2011 und 2019 bleiben. Viele meiner Leserinnen und Leser wissen, dass ich das erste dieser beiden Jahre schon seit 1985 als wahrscheinlichen Beginn des Dritten Weltkriegs genannt habe. Wir werden sehen!

Zunächst aber ist nun die Frage zu klären, wen oder was Nostradamus mit dem Ausdruck »das Große der Hundert« meinen könnte. Um diese geheimnisvolle Bemerkung umfassend zu erklären, bedarf es aber eigentlich eines ganzen Buches. Deshalb hier nur eine kurze Erklärung:

Die gesamten Kräfte in der Schöpfung teilen sich in hundert Einzeleinheiten auf. Davon sind und bleiben vier dem Schöpfer selbst vorbehalten. Dies deckt sich mit der Vorstellung der Christen von der Dreieinigkeit, bei der ja die Erklärung im Wort selbst steckt. Übersehen wird an dieser Stelle leicht, dass die drei Einheiten ja, wie das Wort schon sagt, eine »Einigkeit« und somit eine Einheit bilden, die ebenfalls gezählt werden muss. Somit sind es tatsächlich vier Einzeleinheiten mit Vorbehalt für den Schöpfer. Die restlichen 96 Einzeleinheiten dürfen und sollen in der Schöpfung ihre verschiedenen Rollen spielen.

Wer nun nach noch mehr Wissen strebt und sich der Mathematik der Schöpfung weiter widmet, erkennt, dass wir die Zahl 96 zerlegen können und dann dreimal 32 Einzeleinheiten vor uns haben. Bevor ich Sie an diesem Punkt Ihren selbständigen Forschungen überlasse, nur noch ein letzter Zahlenhinweis: 32 – 16 – 8 – 4 – 2 – 1!

Als höchster Repräsentant der Templer seiner Zeit wusste Nostradamus über diese Art von Mathematik bestens Bescheid. So bleibt uns nur noch zu folgern, dass Nostradamus, wenn er hier »das Große der Hundert« »auf den Karren« (also aufs Schafott) steigen lässt, natürlich nur meinen kann, dass die großen Religionen und Weltanschauungen auf unserer Erde mit ihren Schöpfungsgeschichten ihrem Ende zumindest in ihrer bisherigen Form zugeführt werden.

Auf die Frage nach dem »Warum?« gibt es vermutlich eine lapidare Antwort: Sie alle haben sich in falsche Richtungen entwickelt und müssen beschnitten werden, so wie der Gärtner vor dem Beginn einer neuen Wachstumsphase wilde Triebe ausschneidet.

»Ohne Kinder seine Inseln geraten in Meinungsverschiedenheiten. Die Herde spricht schüchtern, durch/in Angst gefangen, besiegt, fünf Gesetze den Menschen. Erneuert das gallische Edikt, wechseln wird der Thron.«

Hier wird von Nostradamus ein weiterer Grund für den Dritten Weltkrieg genannt. Er ist zunächst nicht leicht zu erkennen, aber der Seher führt tatsächlich die Kinderarmut unserer technischen Blütezeit als Grund an. Eines der größten Ziele bzw. eine höchst wichtige Aufgabe der entwickelten Intelligenz muss es also sein, möglichst viele Kinder zu haben, die dann diese Intelligenz noch weiterentwickeln können. Nach dem Dritten Weltkrieg, so sieht es Nostradamus, werden die Überlebenden aber kleinlaut und in Angst vor dem Kommenden leben. Aus diesem Umstand heraus werden sich fünf neue Gebote für das Leben der künftigen Generationen entwickeln, von denen wir drei wohl schon benennen können: Vermehrung der Intelligenzträger (also der Gehirne), Steigerung der Intelligenz, Verzicht auf bevorzugtes Dasein.

Die Renaissance des alten Wissens vom Universum
Nun kommt Nostradamus zu den großartigen Zukunftsaussichten für die Überlebenden des Dritten Weltkriegs. Ich habe

schon darauf hingewiesen, dass er völlig zu Unrecht immer wieder für einen Propheten gehalten wird, der nur von Unheil spricht! Hier also spricht er davon, dass sich der Menschheit um den Juni herum »altes Wissen« »nähern« wird.

»Nahe dem Juni wird es sein, dass sich das alte Wissen nähert. Zuvor gab es 18 unfähige Zeitalter, begleitet von mehreren verblassten, widerlich stinkenden Erstgeborenen.«

Wie schon oben erwähnt, war Nostradamus einer der höchsten Templer seiner Zeit. Für die Templer zählte in ihrer eigenen Zeitrechnung ein Zeitalter jeweils 800 Jahre. Er gibt hier also an, dass das alte Wissen 18 mal 800 Jahre der Erde ferngeblieben ist. Es geht hier demnach um immerhin 14 400 Jahre und somit offenbar um ein Ereignis, das im Jahr 12 400 v. Chr. stattgefunden haben muss.

Wer mein Buch *Die vierte Pyramide* zur Hand hat, kann dort nachlesen, dass man etwa zu dieser Zeit versucht hat, alles Wissen des Universums in die Pyramiden von Giseh einfließen zu lassen, um es in dieser Form vor der Vernichtung zu bewahren, da die Astronomen jener Zeit eine kommende Weltkatastrophe ausgemacht hatten.

Seither herrschten Überlieferungen vor, die sich auf sogenannte »Erstgeborene« berufen und allesamt falsch sind (Nostradamus: »widerlich stinkend«). Zu den Erstgeborenen gehören unter anderem Adam, Ismael und Isaak sowie andere als solche bezeichnete Personen, die uns in unseren Breiten nicht bekannt sind, in anderen Kulturkreisen (zum Beispiel in Asien) jedoch eine Rolle spielen. Nostradamus spielt also offenbar tatsächlich auf dieses Ereignis an, und der Seher begrüßt die Renaissance des alten Wissens, das wieder präsent wird, denn er schreibt für unser Jahrhundert:

»Es werden folgen Gesundheit, große Früchte, Freude und honigsüße Zeit. Dann, wenn der Logos wieder emporkommt, erfolgt der Wechsel zum Zeitalter der Engel. Mit den anderen, bei den Niederen wird Übereinstimmung sein.«

Das Wissen um die Gesetze des Universums und der Schöpfung führt zu Korrekturen, die dem menschlichen Körper zugutekommen. Wenn wir die im Laufe der Jahrtausende erfolgten Mutationen der Zellen rückgängig machen können, hat dies Gesundheit und, daraus resultierend, ein längeres Leben zur Folge.

Wenn wir die Natur besser verstehen, werden wir die Früchte, die sie hervorbringt, besser nutzen und alle wachstumshemmenden Faktoren ausschließen können.

Wenn wir die Sprache des Universums erlernen, so wie sie uns über die Sonne, die als Relaisstation dient, erkenntlich wird, dann können wir mit anderen Intelligenzen in der Schöpfung kommunizieren. Dies wird nicht weniger als einen Quantensprung in unserer Entwicklung bedeuten, denn unsere Nachkommen werden dann wissen, in welche Richtung sie zu »forschen« haben und welche Instrumente hierfür am besten geeignet sind.

Was Nostradamus dann noch mit den »Niederen« meint, ist für Uneingeweihte nicht auf Anhieb zu verstehen, aber wir haben uns weiter oben ja schon mit dem Begriff beschäftigt. Er meint damit natürlich in erster Linie die Tierwelt. Auch was diese betrifft, so seine erfreuliche Botschaft, wird es zu einer neuen Form des Miteinanders und Nebeneinanders kommen.

Das Schiff der Elohim

Ein letzter Satz in diesem Textabschnitt harrt noch der Interpretation. Er lautet:

> »Durch das Schiff der Elohim durch die zehn Tafeln (Briefe) wurden sie überzeugt.«

Der Ausdruck »Elohim« steht im Hebräischen für »Gott« und wurde lange Zeit auch mit »Engel« übersetzt. Würde man das Wort an dieser Stelle in der Einzahl, also mit »Gott«, übersetzen, dann müsste dieser Satz des Nostradamus lauten: »Durch das Schiff des Elohim«. Wenn ich das Wort jedoch in der Mehrzahl deute und übersetze, dann muss der Satz (wie oben) lauten: »Durch das Schiff der Elohim«, also »durch das Schiff der Engel«!

Auffallend dabei ist, dass Nostradamus hier von zehn Tafeln oder Briefen spricht. Das erinnert doch sehr an Moses und seine zehn Gebote! Nur, nebenbei gesagt: Waren das damals tatsächlich so simple Lebensregeln, wie sie heute in den Kirchen gelehrt werden? Wohl kaum!

Bleibt noch die Frage, wer oder was das »Schiff« selbst zu bedeuten hat. Meine Antwort lautet natürlich: Es ist unsere Sonne! Der oder die Elohim reisen von Sonne zu Sonne und können gleichzeitig auf vielen Sonnen anwesend sein.

Ungeheuerliches verkündet Nostradamus für unsere unmittelbare Zukunft.

Hier der reine Text:

»Haut und Menschenhaar in der Sekunde durchbohrt werden.

Schwarze Vorschriften für das Salzwasser der Stadt der heiligen Streitereien. Rom geht zu den langen Schnurrbärten, um dort den Thron zu setzen. Unter dem harten Schritt der schlechten Jahre hin und her überlegt man.

Die Aufrüstung man betrieben hat. Weitläufig wird alles über das Meer geschafft. Wenn die politische Lage sich wieder verschlechtert hat, ruft der Süden erneut um Hilfe. Bei allen Heiligen! Dem Unmenschen werden die Garnisonen gehören. Wenn er erscheint, wird sich ein System durchsetzen, das die Mägen durch Überdachung und vielfachen Schutz zum Sieg führt. Aus den zwei Ölen entstehen werden unglückliche Eimer.

Tausendfache Einnahmen den Söhnen des Königs durch den Tod der zwei Helden. Verlassen wird ihr strahlendes Dasein, wenn die Nadeln der eisernen Vögel nicht mehr Bürgen sind. Beim Öl versteckt sind die brüllenden Waffen. Tränen, Schreie und Blut. Bei der Elf. Nie zuvor gab es eine so bittere Zeit. Allah bei der Elf lacht. Waffen werden dieselbe Hofhaltung haben. Aus Angst ergibt sich die Armee der grauen Söhne. Nicht lange Zeit wird die Lehre der in den Ölreichtum Geborenen stechen.«

Die schreckliche Waffe des Dritten Weltkriegs

Wenn man sich mit diesem Textblock näher befasst, bemerkt man sofort, dass es sich hier in erster Linie um die Beschreibung eines Krieges und der Waffen handelt, die in diesem Krieg zum Einsatz kommen werden. Anders ist der erste Satz jedenfalls nicht zu interpretieren:

> »Haut und Menschenhaar in der Sekunde durchbohrt werden.«

Wie wir gleich sehen werden, handelt es sich um jene Waffe, die über den Regen verbreitet wird und die von Nostradamus an verschiedenen Stellen immer wieder beschrieben wird. Dementsprechend gehört es wohl zu den allerersten Schutzmaßnahmen, die man zu treffen hat, dass man sich auf keinen Fall diesem giftigen Regen aussetzen darf, weil das Gift über unsere Haare und über unsere Haut in den Körper eindringt. In einem der nächsten Textblöcke wird Nostradamus diesbezüglich noch genauer werden.

Viele Leserinnen und Leser werden sich fragen, warum der Seher dieses Thema nicht »an einem Stück« bespricht, um erst danach zum nächsten Thema zu wechseln. Hierüber können wir leider nur Vermutungen anstellen. So verhindert diese Aufsplitterung in mehrere Textblöcke zum Beispiel, dass einem Leser auf den ersten Blick das Ausmaß einer Tragödie entgeht. Denn die »Schutzmaßnahme« für die Textblöcke ist ja das Fehlen der exakten Zeitangaben! Wer aber die Zeitzuordnung nicht kennt, für den ist der Text kaum oder nur kurzzeitig von Interesse, denn der Mensch verdrängt von Natur aus jede düstere Zukunftsaussicht. Die häufige Wiederkehr der einzelnen Motive soll die Menschen also davor bewahren, einmal Gelesenes schon bald im Unbewussten zu versenken und wieder zur Tagesordnung überzugehen. Denn selbst wenn der Leser die Zeitzuordnung kennt, muss das nicht heißen, dass er die Informationen in den richtigen Kontext einordnet. An dieser konkreten Stelle mag das Bild von »Haut« und »Haaren« zwar erschreckend sein, aber mangels weiterer Informationen würde so mancher den Satz mit Achselzucken übergehen, wenn er nicht wüsste, dass Nostradamus ihm irgendwann, in einem der folgenden Textblöcke, weiteren Aufschluss über den Kontext geben wird. Warten wir also geduldig ab, an welcher Stelle dieser Satz von Nostradamus fortgesetzt wird! Zunächst aber geht der Seher wieder auf die Folgen des Dritten Weltkriegs ein:

»Schwarze Vorschriften für das Salzwasser der Stadt der heiligen Streitereien.«

Was auch immer die »schwarzen Vorschriften« sein mögen, sie sind auf jeden Fall mit Verboten oder unangenehmen Geboten gleichzusetzen. Salzwasser ist für den Menschen auf Dauer ungenießbar. So bleibt noch zu fragen, was Nostradamus mit der »Stadt der heiligen Streitereien« gemeint hat. Nun, wer sich die letzten zweitausend Jahre in der Geschichte der Stadt Jerusalem ansieht, der wird schnell erkennen, dass es an diesem Ort immer wieder zu Streit und Grausamkeiten kam. Zunächst machten die Römer Jerusalem dem Erdboden gleich und mittels Salz unbewohnbar. Die christlichen Kreuzfahrer stritten über lange Zeit hinweg mit den islamischen Heeren um den Besitz der Stadt, und heute sind es der Staat Israel und die Palästinenser, die sich über die Aufteilung bzw. Nutzung der Stadt nicht einigen können. Jede Seite erhebt aufgrund ihrer heiligen Überlieferungen berechtigte Ansprüche und verteidigt diese notfalls auch mit Gewalt.

Der Vatikan verlegt seinen Sitz nach China

Der nächste Satz in diesem Textabschnitt bezieht sich auf die Jahre nach dem Dritten Weltkrieg und widmet sich dabei dem Vatikan. Nostradamus schreibt:

>»Rom geht zu den langen Schnurrbärten, um dort den Thron zu setzen. Unter dem harten Schritt der schlechten Jahre hin und her überlegt man.«

Nostradamus lebte in der Zeit nach Marco Polo, den seine Reisen als einen der ersten bis nach China führten. Aus dieser Zeit stammt wohl auch die klischeehafte Beschreibung der Chinesen als Menschen mit überlangen Schnurrbärten.

Was Nostradamus hier aber beschreibt, ist eigentlich eine Sensation! Der Vatikan, also das Zentrum des Katholizismus, verlegt seinen Schwerpunkt – und später vielleicht auch seinen Sitz – in das heutige China! Es ist durchaus möglich, dass nach dem Dritten Weltkrieg in China eine neue Ordnung etabliert wird, so dass Religionsausübung und Missionierung erleichtert werden. Und verwunderlich wäre es nicht, wenn die Kirche sich nach so viel Zerstörung jenen Gebieten zuwendete, in denen viele Menschen überlebt haben. Wie man bei Nostradamus weiter lesen kann, wird es auch keine Blitzentscheidung sein, sondern ein Jahre dauernder Prozess, der erst nach dem Jahr 2070 umgesetzt werden kann.

Im nächsten Abschnitt beschreibt Nostradamus die Zeit vor dem Dritten Weltkrieg:

>»Die Aufrüstung man betrieben hat. Weitläufig wird alles über das Meer geschafft. Wenn die politische Lage sich wieder verschlechtert hat, ruft der Süden erneut um Hilfe. Bei allen Heiligen! Dem Unmenschen werden die Garni-

sonen gehören. Wenn er erscheint, wird sich ein System durchsetzen, das die Mägen durch Überdachung und vielfachen Schutz zum Sieg führt. Aus den zwei Ölen entstehen werden unglückliche Eimer.«

Nach einer Zeit der Aufrüstung wird sich die politische Lage wieder verschlechtern. Es ist schwer zu bestimmen, was genau Nostradamus mit dem »Süden« meint. Solange wir es nicht besser wissen, sollten wir annehmen, dass es sich um eine Region südlich von Salon-de-Provence handelt. Spanien, Süditalien, Nordafrika oder auch der Nahe Osten könnte gemeint sein.

Wieder haben wir es hier mit einem Schreckensausruf von Nostradamus zu tun. Er spricht an dieser Stelle von einem »Unmenschen«. Ist es derjenige, der die Chemiewaffe gegen England einsetzen wird? Wenn ihm die »Garnisonen« gehören, wie es Nostradamus ausdrückt, dann sollten wir davon ausgehen, dass er die Befehlsgewalt über das Militär seines Landes ausübt.

Interessant ist auch der Hinweis auf den Magen und den Schutz desselben. Vermutlich glaubt man sich gegen die Chemiewaffe schützen zu können, indem man einen Schutz konstruiert, um sich »unterzustellen«. Dass hier tatsächlich jene Chemiewaffe gemeint ist, die ganz Nordeuropa treffen wird, stellt der sogleich folgende erneute Hinweis auf die zwei Öle in den »unglückliche[n] Eimer[n]« klar.

Der Schutz des Reichtums der arabischen Ölstaaten
Nun lesen wir eine Situationsbeschreibung, die sehr gut auf Saudi-Arabien und die Emirate am Persischen Golf passt. Nostradamus fasst die Geschichte kurz zusammen:

»Tausendfache Einnahmen den Söhnen des Königs durch den Tod der zwei Helden.«

Hier wird wohl die Gründung des Staates durch den ersten Stammesfürsten mit Hilfe der Briten im ersten Drittel des vergangenen Jahrhunderts aufgegriffen. Zuvor hatte es Stammeskriege gegeben, die einerseits von Deutschland und andererseits von den Briten unterstützt worden waren. Die Briten gewannen die Stammesführer für sich und konnten so den Sieg erringen. Für die Saudis wurde ein auf sie zugeschnittenes Königreich eingerichtet. Dabei war es der König von Jordanien, der seine heiligen Stätten an die Saudis verlor, was bis heute innerhalb des Islam für ein unterschwelliges Konfliktpotenzial sorgt.

Das Ende Saudi-Arabiens

Seither hat sich das Königreich Saudi-Arabien zu einer der reichsten Nationen dieser Welt entwickelt. Nostradamus beschreibt nun das Ende dieses Daseins in Gold und Reichtum:

> »Verlassen wird ihr strahlendes Dasein, wenn die Nadeln der eisernen Vögel nicht mehr Bürgen sind. Beim Öl versteckt sind die brüllenden Waffen. Tränen, Schreie und Blut. Bei der Elf. Nie zuvor gab es eine so bittere Zeit.«

Die Leserinnen und Leser mögen an dieser Stelle einen Moment überlegen, wie die Kampfflugzeuge unserer Zeit eigentlich aussehen. Man könnte sie durchaus als »eiserne Vögel«, die unter ihren Flügeln »Nadeln« tragen, bezeichnen. Mit ihrer Hilfe schützt man die Ölförderung und -verladung sowie die Seewege für die Tanker. Nostradamus weist hier auf eine weitere Besonderheit hin, und es ist wohl in unserer Zeit noch ein Geheimnis, das er hier sozusagen ausplaudert. Mitten zwischen den Ölförderanlagen sind Raketenabschussanlagen installiert!

Interessant ist, dass der zurzeit von den USA praktizierte Schutzschild über Saudi-Arabien aus irgendeinem Grund aufgehoben sein wird. Für viele mag das wirklich kaum verständlich sein, aber wir erleben in unserer Zeit eine Veränderung im Islam. Radikale Gläubige fühlen sich vom Westen vor den Kopf gestoßen und suchen geradezu nach Anlässen, die Beleidigten spielen zu können, um daraufhin mit Gewalt zu reagieren. Wir sollten demnach von einer Situation ausgehen, in der die christlichen USA sich in einer erheblichen Konfrontation mit konservativen religiösen Kräften in Saudi-Arabien befinden. Die letzte Konsequenz eines solchen Konflikts könnte die Aufkündigung des heute gültigen Schutzpaktes sein. Saudi-Arabien und die Emirate wären dann sich selbst überlassen, und ihre eigenen, inneren Schutzvorkehrungen würden vermutlich zusammenbrechen.

»Allah bei der Elf lacht. Waffen werden dieselbe Hofhaltung haben. Aus Angst ergibt sich die Armee der grauen Söhne. Nicht lange Zeit wird die Lehre der in den Ölreichtum Geborenen stechen.«

Wieder haben wir es hier mit dem Hinweis auf die »Elf« zu tun. Es kann sich, wie wir mittlerweile wissen, nur um das Schicksalsjahr 2011 handeln. Während ich diese Zeilen niederschreibe, berichten die Medien, dass zwischen den USA und Saudi-Arabien der größte Waffendeal aller Zeiten abgeschlossen wurde. Sind es diese Waffen, die Nostradamus erwähnt? Sind es die Waffen, die über das Meer geschafft werden? Sind es die Waffen, die auch unsere nächste Zukunft bestimmen werden?

Noch interessanter ist der Hinweis auf die »grauen Söhne«. Nostradamus bezeichnet üblicherweise Agenten, Spione und andere Geheimdienstleute als »Graue«. Demnach werden im Mittleren Osten die Geheimdienst-Organisationen zusammenbrechen. Auch wenn wir nicht wissen, wie es dazu kommen wird, können wir doch annehmen, dass dies wohl die Ursache für den Zusammenbruch des Reichtums der Saudis und der angrenzenden Emirate ist. Und nicht nur das: Nostradamus kündigt hier bereits an, dass der Islam als solcher, der sich vor dem Dritten Weltkrieg aggressiv ausgebreitet hat, bald wieder in sich zusammenfallen wird, weil ihm dann vermutlich die finanzielle Unterstützung durch die Öldollars fehlt.

Abschnitt 14 von 25 für den Zeitraum von 2000 bis 2099

Ungeheuerliches verkündet Nostradamus für unsere unmittelbare Zukunft.

Hier der reine Text:

> »Ein großer König wird kommen, der das Tor bei den Chinesen nimmt. Nahe ist die Zeit der Geldverschwendung, um anzugreifen das schon verletzt ist. Das zusammengefügte Große befindet sich dann nahe dem See der Bürger/Genf. Gebilligt durch den Papst, verurteilt durch die Moslems. Dem großen Reich des Todes (das schwarze Loch) das Seinige gemacht wird. Der Urheber des Strickmusters wird zu ihnen kommen, um sie zu warnen.

Es ist die Bodenhefe, die man in der Nähe vom Melanton [Galle] entdecken wird. Dann plötzlich entdeckt man den Inhaltsstoff des Exkrements, das sich flüchtig und schüchtern gibt. Beim heiligen Pol des Ursprungs wird es gesetzt. Bei dem Zweifachheiligen man eine Ermüdung haben wird. Dort entsteht die Abhängigkeit.

Tausend Jahre bestellbares Ackerland sind möglich. Viele Schädigungen da gemacht werden. Es sind kostspielige Forschungsprojekte. Durch zu viel Gutes wird das vorzeitige Sterben provoziert.

Durch das Meer die Kugel alles ausplündern wird. Zum Gesetz der Araber werden sie kommen, um zu konvertieren. Zehntausend Boote kämpfen gegen den heiligen Juli-Johannes. Innerhalb sie sich haben in die Nacht seines Todes geführt.«

Das 21. Jahrhundert, liebe Leserinnen und Leser, besteht nicht nur aus dem Dritten Weltkrieg. Dieser erstreckt sich lediglich über einen Zeitraum von rund fünf Jahren, die irgendwie durchgestanden werden müssen. Danach wird natürlich vieles anders sein, und so wie sich beispielsweise 1945 kein Mensch vorstellen konnte, jemals ganz ohne Draht und Kabel und von jedem Standort mit jedem Menschen auf der Welt telefonieren zu können, so können auch wir uns heute noch nicht jene Fortschritte vorstellen, welche die Menschheit bis zum Jahr 2099 noch erleben wird. Aber bleiben wir zunächst bei der näheren Zukunft. Wenn ich die Inhalte der Vierzeiler heranziehe, die ja mit Zeitangaben versehen sind, dann bin ich mir sicher, dass die ersten Sätze des neuen Textabschnitts auf die Zeit nach dem Dritten Weltkrieg eingehen. Es ist in etwa das Jahr 2030:

»Ein großer König wird kommen, der das Tor bei den Chinesen nimmt. Nahe ist die Zeit der Geldverschwendung, um anzugreifen das schon verletzt ist.«

Für uns können wir nur herauslesen, dass der im Grunde auch heute noch abgeschottete Staat China durch einen mächtigen Politiker »geöffnet« wird. Dies geschieht offenbar von außen. Denken Sie bitte in diesem Zusammenhang auch an die Zeilen, die uns prophezeit haben, dass der Vatikan nach China umziehen wird. In dieser Zeit werden die ölproduzierenden Länder darunter leiden, dass die Zeit der Gewinnung der Energie zum Nulltarif näher rückt. Die Notwendigkeit von Ölimporten wird dadurch entfallen, und die bisherige Haupteinnahmequelle der Araber wird versiegen.

Man erkennt es kaum, wenn man nicht die Vierzeiler des Nostradamus erforscht hat und somit die richtigen Kontexte herstellen kann: Nostradamus beschreibt in den nächsten Zeilen die neue Weltmacht, die sich Genf als Sitz ausgewählt hat. Demnach ist der »große König« derjenige von Genf.

»Das zusammengefügte Große befindet sich dann nahe dem See der Bürger/Genf. Gebilligt durch den Papst, verurteilt durch die Moslems.«

Wenn wir richtig deuten, was Nostradamus uns hier hinterlegt hat, dann müssen wir annehmen, dass diesem neuen, weltbeherrschenden Bund keine Staaten des Islam angehören werden.

Die restlichen Zeilen dieses Textblocks beziehen sich auf wissenschaftliche Dinge oder, genauer gesagt, Nostradamus gibt Hinweise für die Mediziner.

»Dem großen Reich des Todes (das schwarze Loch) das Seinige gemacht wird. Der Urheber des Strickmusters wird zu ihnen kommen, um sie zu warnen.«

Wie wir schon an anderer Stelle gelesen haben und später auch noch lesen werden, hängt die Entdeckung der Energie zum Nulltarif mit dem Teilchenbeschleuniger zusammen, der zwischen Genua und Marseille bzw. Genf gebaut werden wird. Ganz so problemlos, wie es zunächst klang, wird diese Forschung nun aber wohl doch nicht sein, denn Nostradamus weist die Wissenschaftler auf ein »Strickmuster« hin, wobei er sich zwar nicht direkt der Wörter »Gott« oder »Schöpfung« bedient, dafür allerdings vom »Urheber des Strickmusters« spricht; man wird also etwas absolut Elementarem auf der Spur sein, und das sollte doch wohl für Philosophen und Mathematiker ein ausreichender Ansporn sein, dieses »Muster« endlich zu erkennen.

Das Geheimnis des langen Lebens und der Ursachen des Alterns

Hier wird es nun aber wirklich für uns alle interessant, denn Nostradamus erklärt, warum die Menschen – aus der Sicht des Sehers auf die Zukunft – so früh altern:

»Es ist die Bodenhefe, die man in der Nähe vom Melanton [Galle] entdecken wird. Dann plötzlich entdeckt man den Inhaltsstoff des Exkrements, das sich flüchtig und schüchtern gibt. Beim heiligen Pol des Ursprungs wird es gesetzt. Bei dem Zweifachheiligen man eine Ermüdung haben wird. Dort entsteht die Abhängigkeit.
Tausend Jahre bestellbares Ackerland sind möglich. Viele Schädigungen da gemacht werden. Es sind kostspielige

Forschungsprojekte. Durch zu viel Gutes wird das vorzeitige Sterben provoziert.«

Bitte haben Sie, liebe Leserinnen und Leser, Verständnis dafür, wenn ich diese Zeilen nur aus meinem persönlichen Wissensstand heraus erklären kann. Wer heute bereits Experte auf dem einen oder anderen Teilgebiet ist, der möge den Faden einfach aufnehmen und zum Wohle der Menschheit weiterverarbeiten.

Der Begriff »Bodenhefe« kommt bei Nostradamus öfter vor. Er meint damit, wie schon gesagt, vermutlich Enzyme und möglicherweise sogar ein bestimmtes Enzym, das im Boden vorkommt. Ich weiß aus anderen Textstellen, dass er den Menschen zum Beispiel empfiehlt, sich dort mit nackter Haut auf dem Boden zu wälzen, wo Maulwürfe den Humus frisch aufgeworfen haben. Wahrscheinlich wird man eines Tages in Labors das Enzym finden, um das es hier geht.

Der zweite Hinweis von Nostradamus zielt auf die Galle:

»Es ist die Bodenhefe, die man in der Nähe vom Melanton entdecken wird.«

Man kann also der diesbezüglichen Forschung nur empfehlen, im Labor mit verfeinerten Methoden nach einem Enzym zu suchen, das die Galle absondert! Das Wort »Melanton« verwendet Nostradamus übrigens auch in seinen »Rezepten« zur Bezeichnung eines Stoffes, der Magen und Verdauung stärkt.

»Dann plötzlich entdeckt man den Inhaltsstoff des Exkrements, das sich flüchtig und schüchtern gibt.«

Ein Inhaltsstoff der Gallenabsonderung ist sehr instabil und unauffällig. Das dürfte auch der Grund dafür sein, dass man diesen Bestandteil der Absonderung der Galle bisher nicht beachtet oder noch gar nicht entdeckt hat. Nach meiner Einschätzung muss die Untersuchung im laufenden Prozess der Gallenabsonderung erfolgen. Man findet den Bestandteil nämlich nicht in entnommener Galle!

> »Beim heiligen Pol des Ursprungs wird es gesetzt. Bei dem Zweifachheiligen man eine Ermüdung haben wird. Dort entsteht die Abhängigkeit.«

Nostradamus beschreibt nun weiter den Ort, an dem man nach diesem flüchtigen Bestandteil der Galle suchen soll. Er spricht vom »heiligen Pol des Ursprungs«, also genau von jenem Ort, an dem das Gallensekret gebildet wird. Das aber ist die Leberzelle. Genau dort ist nämlich laut Nostradamus noch alles in Ordnung. Nun aber gelangt die Substanz an einen zweiten Ort, der sich entweder noch in oder aber an der Leberzelle befindet, wo dann das Gallensekret endgültig fertiggestellt wird. Hier aber findet der Fehler statt, das heißt, hier erfolgt die Mutation, die den Menschen schnell altern lässt!

> »Tausend Jahre bestellbares Ackerland sind möglich. Viele Schädigungen da gemacht werden. Es sind kostspielige Forschungsprojekte. Durch zu viel Gutes wird das vorzeitige Sterben provoziert.«

Wenn man diese Worte des Nostradamus wörtlich nimmt – und es gibt keinen Grund, es in diesem Fall nicht zu tun –, dann könnte durch die Korrektur dieses Fehlers ein Lebensalter von bis zu tausend Jahren möglich sein. Das ist heute natürlich noch unvorstellbar, aber wir haben bis zum Jahr 2500 mit Menschen zu rechnen, die dann wenigstens bis zu 450 Jahre alt werden.

Diese Menschen werden ihr Erdendasein schließlich von eigener Hand beenden, weil Nebenerscheinungen sichtbar werden, die unerträglich sein müssen. In der Bibel ist nicht umsonst ein Hinweis versteckt, wonach die Toten, also diejenigen, die sterben können, darüber selig sein werden.

Aber schon heute könnten wir unser Leben verlängern, wenn uns die Wissenschaft nur sagen könnte, was wir unter den Dingen, die wir als »gut« für uns ansehen, meiden sollten. Was auch immer es ist, es wird offensichtlich in der Leber abgebaut und erzeugt im Gallensekret etwas, das in Wahrheit schlecht für unsere Lebensdauer ist.

Anschließend geht Nostradamus auf eine Umweltverschmutzung ein, die sehr problematisch werden dürfte:

»Durch das Meer die Kugel alles ausplündern wird.«

Bei der »Kugel« könnte es sich um ein Molekül handeln, das im Meer entsteht und über den Wasserkreislauf, das heißt durch Verdunstung und Regen, schädlich bzw. auszehrend auf die Erde wirkt. Auch hier müssen Forscher alle Möglichkeiten durcharbeiten, bis sie auf ein heute noch nicht bekanntes Phänomen stoßen!

Am Schluss dieses Textblocks ergänzt Nostradamus noch seine Prophezeiungen zum Schicksal der Ölstaaten am Persischen Golf:

»Zum Gesetz der Araber werden sie kommen, um zu konvertieren. Zehntausend Boote kämpfen gegen den heiligen

Juli-Johannes. Innerhalb sie sich haben in die Nacht seines Todes geführt.«

Nach dem Dritten Weltkrieg wird es wohl noch für einige Zeit »Öl für Glauben« geben. Man sollte es sich etwa so vorstellen, dass einem nur unter der Bedingung Erdöl geliefert wird, dass man Muslim ist. Eine solche Vorstellung ist nicht von der Hand zu weisen, vor allem dann nicht, wenn vor Ort radikale Kräfte die Macht übernommen haben.

Mit dem Juli-Johannes dürfte Nostradamus vermutlich Johannes den Täufer gemeint haben. Als Templer hatte er einen engen Bezug zu dieser biblischen Gestalt, denn der 24. Juli gilt nicht nur bei ihnen, sondern auch in anderen Geheimbünden als höchster Festtag des Jahres. Kurzum: Nostradamus deutet hier noch einen blutigen Konflikt zwischen Christen und Muslimen an.

Abschnitt 15 von 25 für den Zeitraum von 2000 bis 2099

Ungeheuerliches verkündet Nostradamus für unsere unmittelbare Zukunft.

Hier der reine Text:

»Wie eine Pranke wird er kommen, wo man lebt. Es ist der König der Töterpfote (Todeskralle). Es gibt Krieg. Der Vatikan (das Leben Roms) ist nicht ohne Schuldgefühle.
Barac Blut. Danach wird der König des Stammvaters einen ungeheuren Krieg beginnen.
Unter dem Chemischen die gefährliche Durchfahrt erfol-

gen wird. Auf der gleichen Seite werden nicht diejenigen der Spieße des Löwen kämpfen.

Es werden sich erheben die Araber/Bärtigen. Die mohammedanische Insel, welche den Aufstand nicht beachten wird, lässt die Truppen nachträglich passieren. Die roten und weißen großen Truppen werden Feuer und Blut in die Stadt Bisanz tragen. Wie viele gute Jahre hatten sie, bis dies einer zerstören und plündern wird.

Die Berge. In ihnen gehen die Leiden vorüber. Sie stehen außerhalb der Belastung.

Sie werden dann gegen den König des Libanon marschieren. Die Verschwörer werden durch das sich Drehende entdeckt. Durch den Iran die Insel wird wechseln die Besetzung.

Von Prag geführt und erfasst, wird Hilfe geschickt gegen das sich Ausbreitende.«

Die Todeskralle über Europa

Dieser Textblock handelt von unserer Zeit. Er enthält Beschreibungen von Sequenzen innerhalb des Dritten Weltkriegs. Jeder von uns sollte diese Worte des Nostradamus in nächster Zeit ständig im Kopf haben, um zu erkennen, auf welcher Eskalationsstufe das uns Bevorstehende bereits angekommen ist.

»Wie eine Pranke wird er kommen, wo man lebt. Es ist der König der Töterpfote (Todeskralle). Es gibt Krieg. Der Vatikan (das Leben Roms) ist nicht ohne Schuldgefühle.«

Es ist klar und unzweideutig. Nostradamus kündigt hier einen Krieg an. In der Weltanschauung des Mittelalters galt die

Bärentatze als Symbol für »verursachtes Sterben«, also nicht für ein Sterben durch Krankheit oder Hunger, sondern für den Tod durch Gewalt. Die Todeskralle wird also zuschlagen!

Wir wissen also: Es gibt Krieg! Auf die Gründe und Ursachen dieser Entwicklung muss Nostradamus an dieser Stelle nicht weiter eingehen, denn er hat dies in einem weiteren Textblock ausführlich getan.

Aus heutiger Sicht ist jedoch völlig unverständlich, warum der Seher aus Salon-de-Provence hier den Vatikan anführt, auch wenn er ihn nicht wörtlich nennt, sondern nur »vom Leben Roms« spricht. Einmal angenommen, er hätte damit gar nicht den Vatikan gemeint, dann könnte es nur noch die italienische Regierung sein, die er bei dieser Prophezeiung vor Augen hatte. Wir sollten diese Möglichkeit auf gar keinen Fall gänzlich ausschließen. Bekanntlich hat sich die italienische Regierung unter Herrn Berlusconi dem libyschen Staatschef Gaddafi seit langem angenähert. Ihr geht es dabei natürlich um Öllieferungen und Bohrlizenzen. Gaddafi seinerseits geht es darum, seine Idee vom Koran nach Italien hineinzutragen. Will man auf dieser Schiene weiterdenken, so ergibt sich bei der Auslegung dieser Sehersätze der Hinweis, dass Libyen in eine Eskalation verwickelt sein wird, die zum Dritten Weltkrieg führen könnte.

Als ich die nächsten Worte des Sehers bei der Übertragung vor mir liegen hatte, bekam ich einen gewaltigen Schreck. Das einfach verschlüsselte Wort ergab »Barac«, einen Vornamen also, der sowohl in der jüdischen als auch in der islamischen Welt häufig vorkommt. In unserer Zeit kennen wir zwei prominente Träger dieses Namens, wobei die genaue Schreibweise keine große Rolle spielt. Da haben wir zum einen US-Präsident Barack Obama und zum anderen den israelischen Verteidigungsminister Ehud Barak. Bei Nostradamus steht nun aber nur:

»Barac Blut.«

Zwei Wörter und ein Punkt ... Es ist uns überlassen zu überlegen, was bzw. wen er damit meint. Ich persönlich denke, dass wir diese zwei Wörter zunächst einmal nur so interpretieren sollten, dass Nostradamus uns auf jeden Fall sagt: Es wird Blut fließen! Und wir wissen auch, dass derjenige, dessen Blut fließen wird, »Barac« heißt oder mit »Barac« zu tun hat. Sehen wir uns, um Näheres zu erfahren, rasch den nächsten Satz im Seherprotokoll für unsere Zeit an:

»Danach wird der König des Stammvaters einen ungeheuren Krieg beginnen.«

Nostradamus sagt offenbar mit den Worten »Barac Blut« ein Ereignis voraus, das der Auslöser für einen ungeheuren Krieg sein wird. Nehmen wir also als Hypothese einmal an, der israelische Verteidigungsminister würde einem Attentat zum Opfer fallen. Würde dadurch ein ungeheurer Krieg ausgelöst? Fragen wir weiter, was wohl geschähe, wenn der US-Präsident bei einem Attentat ermordet würde; könnte das zu einem ungeheuren Krieg führen? Ich bin mir sicher, dass sich meine Leserinnen und Leser diese Fragen selbst beantworten können.

Aber noch eine weitere merkwürdige Information steckt in diesem Seherspruch. Nostradamus spricht von einem »König des Stammvaters«, womit er normalerweise Abraham meint. Es gibt laut Nostradamus nun also einen König der Nachkommen des Abraham, also sowohl derjenigen des

Ismael (Muslime) als auch des Isaak (Juden). Im ersten Augenblick hätte man vielleicht noch an den Staat Israel und den dortigen Regierungschef gedacht, doch der kann hier kaum gemeint sein, denn er vertritt ja nicht beide Söhne bzw. Religionsgruppen. Ein Mächtiger im Lager der Ismaeliten kann auch nicht gemeint sein, denn er würde dann ja nicht die Nachkommen des Isaak vertreten. So stellt sich uns eine gewichtige Frage: Gibt es etwa einen heimlichen König, einen Lenker der Geschicke beider Nachkommen des Abraham?

Folgen wir Nostradamus, dann müssen wir diese Frage bejahen, ohne zunächst auch nur die geringste Ahnung zu haben, welche Persönlichkeit hierfür in Frage kommen könnte. Doch wenn es tatsächlich so ist, dann haben beide politisch-religiösen Lager der Nachkommen des Abraham ein sehr großes Problem, von dem sie anscheinend bisher gar nichts wissen. Für beide Gruppen wäre es von großer Bedeutung zu erfahren, wo dieser Mann sitzt, wie er agiert und welche Fäden des Weltschicksals er in Händen hält. Das alles zu erfahren wäre vermutlich auch hilfreich, um zu ergründen, warum er bzw. sein Tod einen ungeheuren Krieg auslösen wird. Was ist der wahre Grund? Ein Attentat kann es doch nun wirklich nicht sein … Ein Attentat wäre allenfalls ein Vorwand, der die Akteure blind macht für die tatsächlichen Hintergründe. Auf jeden Fall trifft der Krieg die Nachkommen beider Söhne des Abraham und somit wohl auch die gesamte Weltgemeinschaft. Bitte denken Sie darüber nach. Ich meinerseits bin zu einem Schluss und einer einfachen Antwort gekommen, die da lautet: Jahwe zürnt!

Nostradamus beschreibt im Anschluss nun wieder die uns aus anderen Textstellen schon bekannten Einzelheiten des Dritten Weltkriegs:

»Unter dem Chemischen die gefährliche Durchfahrt erfolgen wird. Auf der gleichen Seite werden nicht diejenigen der Spieße des Löwen kämpfen.«

Der für die Menschheit gefährlichste Teil des Krieges wird der chemische Krieg sein. Nostradamus hinterlegt auch, welche der Kriegsparteien die Chemie zum Einsatz bringen wird, denn er schreibt, dass auf der Seite, die diese chemische Waffe zum Einsatz bringen wird, sich nicht »diejenigen der Spieße« befinden werden. Das Wort »Spieße« ist für das 21. Jahrhundert schon im Zusammenhang mit Saudi-Arabien gefallen (»eiserne Vögel mit Spießen«). Hier nun sollten wir versuchen, das Wappentier des Löwen zu identifizieren. Die USA haben sich ja einen Seeadler auserkoren, und viele weitere Länder, von Russland bis Deutschland, haben ebenfalls den Adler als Symbol gewählt. Könnte es vielleicht der britische Löwe sein?

Vieles spricht dafür, denn Nostradamus hat den Einsatz der chemischen Waffe im Dritten Weltkrieg in erster Linie gegen England angekündigt, wobei sich das Gift dann durch den Regen über fast ganz Europa ausbreiten wird. Dann passt es doch! Lesen wir noch einmal:

»Auf der gleichen Seite werden nicht diejenigen der Spieße des Löwen kämpfen.«

Wir lesen hier also, dass der Löwe nicht auf der Seite derjenigen kämpft, die diese Chemiewaffe zum Einsatz bringen werden!

Die Revolution in Arabien

Der nächste Absatz in diesem Textblock für das 21. Jahrhundert befasst sich mit Vorgängen im Mittleren Osten. In den nächsten Zeilen steht nämlich, dass es einen Aufstand der »Bärtigen« geben wird. Tatsächlich unterscheiden sich die streng religiös lebenden Araber von den gemäßigten dadurch, dass sie auf jeden Fall einen Bart tragen. Innerhalb des Islam gibt es im Übrigen eine Gruppe, die Schiiten, bei denen der Bart völlig alltäglich ist. Sie machen etwa zwanzig Prozent aller Muslime aus.

> »Es werden sich erheben die Araber/Bärtigen. Die mohammedanische Insel, welche den Aufstand nicht beachten wird, lässt die Truppen nachträglich passieren.«

Wir haben also mit einem Aufstand im schiitischen Lager zu rechnen. Der Iran und Syrien sind zwei schiitische Staaten. Die Sunniten, beispielsweise die Saudis, die überwiegend die Arabische Halbinsel bewohnen, scheinen diesen Aufstand nicht zu »beachten«, das heißt, sie beteiligen sich nicht und (oder) interessieren sich nicht dafür.

Nostradamus nennt hier ein Detail, das für den weiteren Lauf der Dinge von großer Bedeutung ist. Man darf annehmen, dass es sich bei dem Desinteresse der Saudis um einen Fehler handelt, da sie einen Durchzug von Truppen tolerieren werden, der böse Folgen haben wird:

> »Die roten und weißen großen Truppen werden Feuer und Blut in die Stadt Bisanz tragen. Wie viele gute Jahre hatten sie, bis dies einer zerstören und plündern wird.«

An dieser Stelle wird Nostradamus einmal richtig deutlich. Diese Truppen sind auf dem Durchmarsch in Richtung Jemen! Am Beispiel des verschlüsselten Wortes BISANZ möchte ich Ihnen erklären, wie Nostradamus vorgegangen ist:

Das Wort besteht aus sechs Buchstaben, ergo werden der erste und der letzte Buchstabe gestrichen.

Die restlichen Buchstaben ergeben somit ISAN.

Man teilt nun in der Mitte bei einem Selbstlaut und liest von der Mitte nach rechts und dann von der Mitte nach links.

Es ergeben sich die Wörter ANSI oder SANI.

Wir wissen, dass wir uns in einem Text befinden, der sich auf die »mohammedanische Insel« bezieht. In dieser Region aber gibt es einen Ort namens Sana, bei dem es sich sogar um die Hauptstadt des Jemen handelt. Folglich dürfte Nostradamus mit der Stadt »Bisanz«, deren Ähnlichkeit mit »Byzanz« Unkundige in die Irre führen sollte, die jemenitische Hauptstadt Sana gemeint haben.

So hatte Nostradamus übrigens auch in dem Wort »Ancy« (cyna!) China versteckt ...

Der Jemen spielt nun in den Prophezeiungen der Muslime eine bedeutende Rolle. Demnach wird die (vermeintliche) Endzeit, für uns also der Dritte Weltkrieg, im Jemen eingeleitet. Wir sollten die Vorgänge in diesem Land auf jeden Fall sehr aufmerksam beobachten.

Die letzten Seherbotschaften, die Nostradamus in diesem Textblock untergebracht hat, beziehen sich nicht mehr nur auf die Arabische Halbinsel. Es geht hier wieder um die chemische Waffe, die zum Einsatz kommen wird. Nostradamus liefert den Hinweis:

»Die Berge. In ihnen gehen die Leiden vorüber. Sie stehen außerhalb der Belastung.«

Nostradamus hat uns viele Anweisungen hinterlassen, wie wir der Bedrohung entgehen können. So werden von ihm etwa Berge und Gebirge als Fluchtpunkte genannt. Generell gilt die südliche Halbkugel als sicher. Entscheidend aber sind Trinkwasser, Nahrung und schließlich auch Medikamente, um die Vergiftungen zu bekämpfen. Im Kapitel »Die Notapotheke des Nostradamus« können wir nachlesen, welche Ratschläge uns Nostradamus mit auf den Weg gegeben hat. Der Seher hat nämlich für alle Perioden der Not bis zum Jahr 3798 Rezepte hinterlassen, wie man sich die dringend benötigten Medikamente selbst herstellen kann.

Wer die heutige politische Landkarte vor Augen hat, der weiß, dass der Libanon unmittelbar an den schiitischen Staat Syrien grenzt. Das Ziel des Marsches, den Nostradamus gleich ankündigen wird, ist die Arabische Halbinsel. Lesen wir dazu die Worte eines Menschen aus dem ausgehenden Mittelalter:

»Sie werden dann gegen den König des Libanon marschieren. Die Verschwörer werden durch das sich Drehende entdeckt. Durch den Iran die Insel wird wechseln die Besetzung.«

Die Worte des Nostradamus deuten auf einen heimlichen Überfall des Libanon mit dem Ziel Arabische Halbinsel hin. Die Schiiten werden die Emirate und Saudi-Arabien besetzen. Anderen Stellen in diesen Textblöcken kann man entnehmen, dass sie die Golfstaaten plündern werden. Man kann nur staunen, wie Nostradamus die äußeren Merkmale jener Instrumente beschreibt, mit deren Hilfe der Vorstoß des

Libanon als Erstes geortet wird, nämlich der Radarstationen: »durch das sich Drehende« …

Am Schluss wendet sich der Seher noch einmal Europa zu. Einer seiner wichtigsten Hinweise für unsere Region ist sicherlich der folgende Satz:

»Von Prag geführt und erfasst, wird Hilfe geschickt gegen das sich Ausbreitende.«

Das erinnert nun doch aber sehr an das Raketenabwehrsystem, das die USA in Osteuropa errichten wollen. Offenbar erkennt das in Tschechien installierte System die tödliche Gefahr, die da durch die Luft geflogen kommt, und schickt Hilfe, das heißt, es aktiviert seine Abwehrsysteme. Dies wird allerdings nicht flächendeckend möglich sein, und darum sollten wir uns auch nicht zu sehr auf das System in Tschechien verlassen!

Abschnitt 16 von 25 für den Zeitraum von 2000 bis 2099

Ungeheuerliches verkündet Nostradamus für unsere unmittelbare Zukunft.

Hier der reine Text:

»Der alte Tribun am Punkt des sehr halben Gedankens. Ich weine.
Sechzig Schwimmende zur See. Byzantinischer Rasse.
Dann der königlich Geborene das große Brennende unzüchtig behandelt. Schmerzen durch ungeheure Verfälschungen.

Vier gekaufte Mörder werden in die Enge getrieben. Werden eingepfercht, gefangen und nicht befreit. Über sie wird das Tuch des Vergessens gebreitet. Es erfolgt die Täuschung für die Ausgangsposition des Krieges, damit sich vereinigen können die Köche, die in das Kriegshandwerk eingeweiht sind. Der Krieg ist der große Feind des ganzen menschlichen Geschlechts.

Der Wille ist nicht Wille. Das Schlechte wird schüchtern sprechen. Das ›obere Blut‹ ist das Schwert ihrer Unvernunft, es ist das, was leiden wird im Tempel der Bitternis. Dies wird schlimmer sein als das der Onkel und Väter.

Feuer, Erdbeben, Wasser, unglückselig Perverses. Kommen werden die Mörder unter falschem Namen mit Eisen, Feuer, Wasser, blutig und unmenschlich.«

An dieser Stelle sollten wir uns daran erinnern, dass Nostradamus nicht nur den Dritten Weltkrieg und andere Grausamkeiten für das 21. Jahrhundert niedergeschrieben hat. Es finden sich auch immer wieder Hinweise auf Besonderheiten und herausragende Leistungen von Menschen, die das 21. Jahrhundert hervorbringen wird. Einen solchen Hinweis haben wir jetzt vor uns:

»Der alte Tribun am Punkt des sehr halben Gedankens. Ich weine.«

Nostradamus beweint den Tod eines Menschen (ob Mann oder Frau, erfahren wir nicht), der für den Rest des dritten Jahrtausends die dann vorherrschende neue Betrachtungsweise des Universums eingeführt hat. Man beweint aber doch eigentlich nur einen Menschen, dem man nahegestanden hat oder dessen Verdienste man anerkennt und ehrt. Wir wissen nicht, warum der Tod dieses speziellen Menschen Nostradamus hier zu Tränen rührt, und wir haben auch weder eine Zeitangabe noch eine weitergehende Beschreibung der Person. Eines Tages wird man vermutlich mehr über ihn wissen!

Es folgt ein weiterer äußerst kompakter Seherspruch:

»Sechzig Schwimmende zur See. Byzantinischer Rasse.«

Es handelt sich vermutlich um sechzig Wasserfahrzeuge. Byzanz ist bekanntlich das heutige Istanbul. Es geht hier also um türkische Wasserfahrzeuge bzw. um solche, die dort gebaut oder von dort aus eingesetzt worden sind. Mehr hat uns Nostradamus hier leider nicht hinterlassen.

»Dann der königlich Geborene das große Brennende unzüchtig behandelt. Schmerzen durch ungeheure Verfälschungen.«

Es bleibt kryptisch. Auch zu diesen Sätzen kann man keine konkreten Bezüge herstellen. Das größte »Brennende« für uns ist aber natürlich die Sonne. Daraus könnte man ableiten, dass ein genialer Wissenschaftler Experimente mit der Sonne macht, was ja in gewisser Hinsicht zu unserem Vorwissen passen würde, haben wir doch schon mehrfach von der ab 2070 erlöschenden bzw. schwächer brennenden Sonne gehört. Es ist also durchaus möglich, dass Nostradamus hier schon eines der ersten – erfolglosen – Experimente erwähnt.

Im nächsten Absatz erhalten wir von Nostradamus weitere Informationen zu den Auslösern des Dritten Weltkriegs. Schon an anderer Stelle hat Nostradamus auf den Tod von vier Politikern in höchsten Staatsämtern hingewiesen. Hier geht er nun näher auf die Täter ein!

Die vier gekauften Mörder

»Vier gekaufte Mörder werden in die Enge getrieben. Werden eingepfercht, gefangen und nicht befreit. Über sie wird das Tuch des Vergessens gebreitet. Es erfolgt die Täuschung für die Ausgangsposition des Krieges, damit sich vereinigen können die Köche, die in das Kriegshandwerk eingeweiht sind. Der Krieg ist der große Feind des ganzen menschlichen Geschlechts.«

Was wir hier bei Nostradamus lesen, ist ungeheuerlich! Es handelt sich also um »gekaufte« Mörder, die nicht bestraft werden! Demnach müssen sie im Auftrag eines Staates gehandelt haben, der nach der Tat seine schützende Hand über sie hält. Man wird sie zwar offensichtlich ausfindig machen, sie in die Enge treiben und gefangen halten können, doch sie werden nicht verurteilt oder gar angemessen bestraft. Stattdessen entfernt man die Täter still und heimlich aus dem öffentlichen Bewusstsein, und das natürlich nicht ohne Grund: Die Verantwortlichen wollen mit Lügen und Täuschungen eine Ausgangsposition für den Dritten Weltkrieg konstruieren. Eine Vorgehensweise, die uns durchaus bekannt vorkommt, denn sie lässt uns sofort an das Lügengebäude der Herren Bush und Blair denken, mit dem sie vor noch nicht allzu langer Zeit den Einmarsch in den Irak begründeten. Nostradamus pflegt zu sagen, dass alles zweimal geschieht. Insofern passt ja alles wunderbar …

Wir sollten uns merken, dass der Dritte Weltkrieg sich nicht zufällig entwickelt hat, sondern Schritt für Schritt und Untat für Untat vorbereitet worden ist. Diese Feststellung wird für die Überlebenden besonders wichtig sein, wenn es darum geht, die Schuldigen beim Namen zu nennen, damit das restliche Jahrtausend genau weiß, wie alles so gekommen ist und wer dafür verantwortlich war.

Es gibt in diesem Zusammenhang aufschlussreiche Textpassagen, die Nostradamus für das 23. und für das 27. Jahrhundert geschrieben hat, aus denen hervorgeht, dass der gesamte Verlauf des dritten Jahrtausends durch einen »Schock« der Überlebenden eine Richtungsänderung erfahren hat. Alle Entscheidungen, die man nach dem Dritten Weltkrieg zu treffen hat, müssen zuvor mittels einer Art Checkliste überprüft werden. Nur dann wird man diesen Entscheidungen auch zustimmen.

> »Der Wille ist nicht Wille. Das Schlechte wird schüchtern sprechen. Das ›obere Blut‹ ist das Schwert ihrer Unvernunft, es ist das, was leiden wird im Tempel der Bitternis. Dies wird schlimmer sein als das der Onkel und Väter.«

Man kann diese Worte nur so auslegen, dass man die Ereignisse, sobald sie einmal ausgelöst sein werden, nicht mehr rückgängig machen kann. Es ist nicht mehr der Wille, der bestimmt, sondern der Automatismus, der irgendwo einprogrammiert und abgespeichert ist. Das »Schlechte« meint die Übeltäter, die dieses Desaster verursacht haben; sie werden plötzlich recht kleinlaut sein und sich nur noch »schüchtern«, das heißt unschuldig geben. Besonders aufschlussreich ist an dieser Stelle, wie Nostradamus die Verantwortlichen charakterisiert: Es sind Menschen, die sich für Auserwählte halten! Leider gab es zu allen Zeiten solche, die sich dem Rest der Menschheit überlegen fühlten, und Deutschland hat diesbezüglich ja eine besonders schlimme Vergangenheit. Hier nun sind es wiederum verblendete Gestalten, die sich als das »obere Blut« der Menschheit wähnen. Nostradamus sagt ihnen allerdings voraus, dass sie in ihrem »Tempel der Bitternis« für ihre Untaten leiden werden!

Im letzten Satz dieses Textblocks geht Nostradamus noch einmal auf die Vorgehensweise der vier Attentäter ein:

> »Feuer, Erdbeben, Wasser, unglückselig Perverses. Kommen werden die Mörder unter falschem Namen mit Eisen, Feuer, Wasser, blutig und unmenschlich.«

Die selbsternannten Auserwählten lösen offenbar eine gewaltige unterirdische Explosion aus. Und wie immer kann das Attentat nur dann gelingen, wenn es unerwartet geschieht. Wenn man nun aber diese Beschreibung liest, dann fällt einem besonders auf, dass die Begriffe »Feuer« und »Wasser« zweimal erwähnt werden. Wie üblich, wenn wir etwas nicht auf Anhieb zuordnen können, merken wir uns fürs Erste einfach die Besonderheit! Deutlicher wird Nostradamus dann noch, indem er das Wort »unmenschlich« gebraucht: Dies deutet nämlich leider darauf hin, dass sehr viele unbeteiligte, unschuldige Menschen ebenfalls Opfer dieser Attentate werden!

Abschnitt 17 von 25 für den Zeitraum von 2000 bis 2099

Ungeheuerliches verkündet Nostradamus für unsere unmittelbare Zukunft.

Hier der reine Text:

> »Das Natürliche wird erhöht, nicht erniedrigt.
> Wegen des Öls 25 wie von einem Atem sprechen. Dem Öl

was für ein Reich. Durch Krieg wird es besetzt. Im Dezember die Sterne des Öls verursachen den Tag des Braunen/Bräunung.

Die späte Rückkehr des Präge-Musters wird einen Wettstreit auslösen. Fünf Bürger handwerken vordringlich. Es folgen Beleidigungen. Verteilung schön.

Franziskaner werden im Stich gelassen sein. Von der durchtriebenen Frau wird dann ein selbständiger Prinz vom selben geboren.

Der Klumpen/Knäuel wird nicht ohne Diskussionen bleiben. Durch das Untere erfolgt die edle Führung mit langer Schleppspur. Durch das rüde angeleinte Pferd man üben wird. Gesäugt, ernährt durch Filtrierbeutel in der Erde, leuchtet es nachträglich. Angewendet nicht von arabischem Holz. Man wegnimmt das Gefäß.

Weil er den Bruder getötet hat, werden die Brüder gehasst werden. Elf Erben werden nicht solches Leid gemacht haben in ihrem Zuständigkeitsbereich.«

In diesem Textblock beschreibt Nostradamus die Entwicklung unserer Tage mit nur wenigen Worten:

»Das Natürliche wird erhöht, nicht erniedrigt.«

Erkennen Sie diesen Trend wieder, liebe Leserinnen und Leser? Gemeint ist die Zeit des Umweltbewusstseins. Man versucht, aussterbende Arten zu schützen oder vor dem Aussterben zu bewahren. Was die landwirtschaftliche Produktion angeht, so wird in dieser Zeit das Schlagwort »Bio« geprägt, das sich inzwischen auf fast jedem passenden oder unpassenden Lebensmittel findet. Doch in diesem Satz des Sehers verbirgt sich noch viel mehr.

Sind denn etwa gentechnisch veränderte Pflanzen noch als »natürlich« anzusehen? Ich neige dazu, dies zu verneinen, und stütze mich dabei auf Nostradamus, der sich mit diesem Thema noch mehrmals auseinandersetzen wird. So warnt er uns an anderer Stelle davor, diesen Weg zu beschreiten, weil er auf Dauer »Muskelschmerzen« verursachen werde. Das bedeutet mit ziemlicher Sicherheit, dass uns bei der heute noch sehr groben Erfassung der Bestandteile von natürlichen und gentechnisch veränderten Lebensmitteln ein Inhaltsstoff bislang entgangen ist. Die Folge einer Massenproduktion solcher Lebensmittel werden, wie gesagt, Muskelschmerzen sein. Vielleicht könnten unsere heutigen Experten das Pferd von hinten aufzäumen und zumindest die bislang bekannten Verursacher von Muskelschmerzen in den Lebensmitteln untersuchen!

Dass wir uns in diesem Textblock tatsächlich in »unseren« Jahren des 21. Jahrhunderts befinden, ersehen wir aus dem nächsten Abschnitt. Nostradamus macht hier Bemerkungen zum Öl:

»Wegen des Öls 25 wie von einem Atem sprechen. Dem Öl was für ein Reich. Durch Krieg wird es besetzt. Im Dezember die Sterne des Öls verursachen den Tag des Braunen/Bräunung.«

Nostradamus spricht hier von 25 ölexportierenden Staaten, die »von einem Atem sprechen«, das heißt sich abgesprochen haben. Vermutlich geht es hier um kartellartige Machenschaften, die den Ölpreis künstlich hochhalten sollen. Die OPEC hat derzeit zwölf Mitglieder, was bedeutet, dass diese Organisation es nicht sein kann. Nostradamus meint demnach offensichtlich wohl sämtliche ölfördernden Länder. So gesehen, passt die Zahl 25 nicht schlecht.

Wir alle erleben zurzeit eine Situation, in der die ölfördernden und -exportierenden Länder im Reichtum regelrecht schwimmen. »Was für ein Reich«, kann man mit Nostradamus ausrufen, was für eine Macht, die heute noch vom Erdöl ausgeht! Doch der Seher warnt uns vor einer Gefahr. Demnach wird es im Monat Dezember eines der nächsten Jahre zu einem »Tag des Braunen« kommen. Damit ist ganz sicher keine politische Strömung gemeint! Stattdessen sollten wir in Erwägung ziehen, dass dieser Ausdruck eine Metapher sein könnte. So beginnen zum Beispiel etwa Pflanzen nach der Blütezeit irgendwann zu welken, entweder aus Altersgründen oder wegen Wassermangels. So gesehen, müssen wir uns wohl darauf einstellen, dass infolge irgendeines geologischen Ereignisses die Ölquellen versiegen werden.

Der nächste Seherspruch ist leider wieder einmal nicht zuzuordnen. Er könnte sich aber ebenfalls auf das beziehen, was Nostradamus soeben für das Erdöl prophezeit hat:

> »Die späte Rückkehr des Präge-Musters wird einen Wettstreit auslösen. Fünf Bürger handwerken vordringlich. Es folgen Beleidigungen. Verteilung schön.«

Es geht hier offenbar um eine Rückbesinnung auf eine bestimmte Technologie, mit der man ein dringendes Problem erfolgreich angehen kann. Offenbar beeilen sich fünf Wissenschaftler, die richtige Lösung zu finden. Typisch wäre eine öffentliche Verunglimpfung ihrer Arbeit, bis sich schließlich doch der Erfolg einstellt und es zur »Verteilung« kommt. Was auch immer Nostradamus uns mit dem zweitletzten Wort sagen will: Er akzeptiert die »Verteilung« als »schön«.

Bevor wir uns die nächsten Sätze genauer ansehen, möchte ich ein paar Überlegungen vorausschicken. Von den Ereignissen und Umwälzungen des 21. Jahrhunderts sind aus Nostradamus' Sicht besonders die Weltreligionen betroffen. Dabei geht es um Christen, Moslems, Juden, Buddhisten, Hindus, Tibeter und andere. Für jede Weltreligion sind bedeutende Veränderungen in der Regel schmerzlich, weil bisher praktizierte Gewohnheiten plötzlich verpönt sind. In den folgenden Zeilen prophezeit Nostradamus nun aber speziell den weltweiten Niedergang des Franziskaner-Ordens. Man fragt sich natürlich, warum er ausgerechnet die Franziskaner namentlich nennt. Die Erklärung ist sehr einfach.

Der Seher aus Salon-de-Provence war dem Franziskaner-Orden eng verbunden. Ein sehr guter Freund von ihm war François Rabelais, ein Franziskanermönch, den Nostradamus in Montpellier während seines Medizinstudiums kennengelernt hatte. Später feierten die beiden gleichzeitig Hochzeit in Agen und durchlebten während der Pestzeiten Tragödien in den eigenen Familien. Nostradamus verlor zeitlebens nie den Kontakt zum Franziskaner-Orden. So wurde er denn auch nach seinem Tod in der Franziskaner-Kirche von Salon-de-Provence beigesetzt, und zwar stehend, das heißt wie ein Fürst. Es ist also nachvollziehbar, dass dem Seher die Geschichte und die Geschicke dieses Ordens besonders am Herzen lagen.

»Franziskaner werden im Stich gelassen sein. Von der durchtriebenen Frau wird dann ein selbständiger Prinz vom selben geboren.«

Man sollte bei der Interpretation dieser Textstelle davon ausgehen, dass es im Laufe des 21. Jahrhunderts zu einer weltweiten Krise in der Franziskaner-Organisation kommen wird. Wer den zweiten Satz einfühlsam reflektiert, der könnte sogar zu dem Schluss kommen, dass die Franziskaner sich infolge dieser Krise vom Papst bzw. vom Vatikan lösen und künftig nach einem eigenen Oberhaupt richten werden! Den bei Nostradamus nicht seltenen Ausdruck »durchtriebene Frau« habe ich in anderen Büchern ausgiebig analysiert, so dass ich an dieser Stelle nicht näher darauf eingehen muss, zumal er uns hier auch nicht weiterbringt.

Die nächste Seherbotschaft behandelt wieder ein naturwissenschaftliches Forschungsergebnis sowie den Weg, der zu ihm führt:

> »Der Klumpen/Knäuel wird nicht ohne Diskussionen bleiben. Durch das Untere erfolgt die edle Führung mit langer Schleppspur.«

Wir haben hier die Beschreibung eines physikalischen Experiments im großen Stil vor uns. Zwar lässt uns der Begriff »Klumpen« bzw. »Knäuel« eher an eine Zustandsform denken, bei der es sich um eine Art Kugel handelt, doch ist ein Knäuel, wenn man es recht bedenkt, doch eher ein Faden, der zu einer Kugel aufgewickelt wurde!

> »Durch das rüde angeleinte Pferd man üben wird. Gesäugt, ernährt durch Filtrierbeutel in der Erde, leuchtet es nachträglich. Angewendet nicht von arabischem Holz. Man wegnimmt das Gefäß.«

Bei Nostradamus findet man den Begriff des »trojanischen Pferdes« (das hier als »rüdes« Pferd erscheint) stets im Zusammenhang mit Atomkraft im weitesten Sinne. Wenn also das Pferd angeleint ist, dann haben die Wissenschaftler diese »Atomkraft« gebunden, was wiederum heißt, dass sie sie beherrschen. Der Prozess wird »gesäugt, genährt«, das heißt ständig am Laufen gehalten. Ab hier gibt es nun zwei Möglichkeiten der Interpretation.

Wie man Atommüll lagern sollte

Beschreibt Nostradamus hier etwa ein Endlager für Atommüll? Sind die »Filtrierbeutel« die Container, in denen der Atommüll lagert? Ist das von ihm als »Leuchten« beschriebene Phänomen die Strahlung?

Während ich diese Zeilen schreibe, wird in der Öffentlichkeit viel über die Endlagerung von Atommüll in Deutschland diskutiert. Die weitverbreitete Vermutung, dass die Fässer mit dem Müll auf Dauer nicht ordnungsgemäß entsorgt würden, könnte bald zur Gewissheit werden! Liest man die obige Textstelle des Nostradamus immer und immer wieder durch, dann drängt sich einem der Verdacht auf, dass Nostradamus uns womöglich die Lösung dieses heiklen Problems mitteilen wollte. Hier meine Interpretation:

Angewendet	➤ wenn man es tut
nicht	➤ strahlt es nicht
arabisches Holz	➤ wäre Zedernholz
man wegnimmt das Gefäß	➤ man entfernt die Eisenfässer

Im Klartext heißt das: Wenn man den Atommüll in Behälter aus Zedernholz packt und dafür die Eisenfässer entfernt, wäre das Problem gelöst!

Der letzte Satz dieses Textblocks bezieht sich wieder auf den Dritten Weltkrieg und eine seiner Konsequenzen:

»Weil er den Bruder getötet hat, werden die Brüder gehasst werden. Elf Erben werden nicht solches Leid gemacht haben in ihrem Zuständigkeitsbereich.«

In unseren Tagen erleben wir den ständigen Kampf unter den Nachkommen des Ismael und des Isaak im Nahen Osten. So wie es Nostradamus hier beschreibt, wird einer der beiden Brüder während des Dritten Weltkriegs die Oberhand gewinnen, jedoch mit Konsequenzen, die vorher nicht abzusehen waren. Und· es wird irgendeinen Grund geben, warum der Rest der Welt den Sieger hassen wird. Welchen, wissen wir nicht, aber wir werden es sehen; und sicherlich hatte Nostradamus seine Gründe, warum er sich im Jahr 1555 entschloss, über die genauen Ursachen zu schweigen.

Abschnitt 18 von 25 für den Zeitraum von 2000 bis 2099

Ungeheuerliches verkündet Nostradamus für unsere unmittelbare Zukunft.

Hier der reine Text:

»Der Widerspruch des Adlers nicht das Zeichen geben wird. Zur Zeit des tödlichen Duells des Monarchen von Edler Geburt erfolgt die grausame Aktion gegen die langen Roben.

Indien bei der Zehn und die Kugel schmelzen. Die Zeit dies zeigen wird.

Getötet durch hundert haben sie sich zusammengebunden den äußeren Ausgang. Irrtum des Königs der jungen Blutkügelchen. Kommen werden sie, verborgen unter spitzen Dolchen. Durch Krätze gelangt der befallene Teil zum gesunden Gewebe.

Die Gefahr lauert ringsherum, die Anzeichen sind bekannt. Der Urin wankt, riecht faulig und lagert sich im Körper ein. Der Anführer (Erreger) erobert das, was im Chlor ist, am Ort des zweigeteilten Echos. Das Leiden wird benannt werden nach dem hauptsächlichen Symptom. Der arme Leidende. Was für ein Zeitalter. Treffen wird es alle Zeitgenossen tödlich.

Versuche, das Knöchrige zum Guten zu bringen, wird es geben. Zuvor ist eine Behandlung mit der Engel Narden erforderlich. Die Entdeckung der Krankheit erfolgt durch Rumoren im Magen und Drei von Zehn sind in sieben Tagen tödlich erkrankt.«

Wir befinden uns hier in einem Textblock, in dem Nostradamus den Niedergang des saudischen Königreichs ankündigt. Es liegt auf der Hand, dass er dabei die Emirate mit einschließt und, genau genommen, alle Staaten in der arabischen Region, wo lange Roben getragen werden.

Die USA haben als Wappentier den Adler und treten als Garanten für die Sicherheit des saudischen Königs und der Emirate am Persischen Golf auf. Durch eine heute noch undenkbare Entwicklung – beispielsweise eine zu aggressive Missionierung durch den Welt-Islam – könnte eine Situation eintreten, in der die USA diesen Schutzschild nicht mehr aufrechterhalten. An anderer Stelle war hiervon auch schon die Rede.

»Der Widerspruch des Adlers nicht das Zeichen geben wird. Zur Zeit des tödlichen Duells des Monarchen von

Edler Geburt erfolgt die grausame Aktion gegen die langen Roben.«

Eine weitere Möglichkeit wäre, dass die USA nach einem Attentat auf ihren Präsidenten so mit sich selbst beschäftigt sind, dass sie den Umsturz in den arabischen Ländern nicht verhindern. Sehertexten in anderen Textblöcken können wir entnehmen, dass die Drahtzieher dieses Umsturzes im Lager der Schiiten zu suchen sind, also im Iran. Denkbar ist dabei auch, dass sie sich der Syrer bedienen werden, weil man gerade das von ihnen nicht erwartet.

Naturkatastrophe oder Waffe gegen die USA?
Folgen wir Nostradamus, dann befinden wir uns mitten in der Zeit des beginnenden Dritten Weltkriegs. Im folgenden Satz gibt Nostradamus diesbezüglich eine sehr düstere Prognose für die USA ab:

> »Indien bei der Zehn und die Kugel schmelzen. Die Zeit dies zeigen wird.«

Schon seit 1985 ist dieser Satz bekannt, und ich habe in jedem meiner Bücher zum Thema darauf hingewiesen, dass Nostradamus die irrtümliche Meinung seiner Zeit übernahm, als er davon ausging, dass Christoph Kolumbus den Seeweg nach Indien gefunden hat. Ob es sich hier um ein Beispiel dafür handelt, dass auch Seher irren können, oder ob Nostradamus vielleicht doch einfach nur darauf vertraute, dass man ihn schon verstehen wird: In jedem Fall steht sein Begriff »Indien« für uns Heutige für Amerika!

Sowohl »Indien« als auch die Weltkugel werden bei der Zehn schmelzen. »Bei der Zehn« heißt, um es noch einmal zu sagen, nicht 2010, sondern entweder 2009 oder 2011. Typisch ist für Nostradamus, nebenbei bemerkt, auch die feine Ironie, mit der er andeutet, dass ihm wohl zunächst niemand glauben, die Zeit es aber zeigen wird.

Wahrlich furchteinflößend sind die Dimensionen der Katastrophe in den USA, die Nostradamus hier voraussagt. Man fragt sich unwillkürlich: Verfügen die Gegner der USA etwa schon über neuartige, hochwirksame Waffen? Man kann aber auch in eine ganz andere Richtung denken, eine, die mit Naturgewalten zu tun hat! Mitten in den Vereinigten Staaten, im Gebiet des Yellowstone-Nationalparks, schlummert eine gewaltige Supermagmablase. Von den Geologen wird sie wegen ihrer Größe auch »der schlafende Riese« genannt. Expertenschätzungen zufolge würde ein Ausbruch weite Teile der USA verwüsten.

Was spricht für diese Möglichkeit? Ein gewaltiger Atomkrieg könnte zwar große Gebiete der USA schwer erschüttern und sogar Erdbeben auslösen; der Magmariese jedoch würde im Falle einer Explosion ungeheure Mengen an geschmolzenem Gestein auswerfen, womit wir eine weitere Erklärung dafür hätten, dass Nostradamus das Wort »schmelzen« gebraucht!

Nierenversagen durch chemischen Kampfstoff

In diesem Textblock wendet sich Nostradamus den Folgen des Einsatzes chemischer Waffen im Dritten Weltkrieg zu.

»Getötet durch hundert haben sie sich zusammengebunden den äußeren Ausgang. Irrtum des Königs der jungen Blutkügelchen.«

Es geht also darum, dass sich das »Gift« so auswirken wird, dass es den »äußeren Ausgang« versperrt. Jeder von uns kann sich denken, was damit gemeint ist: entweder der After oder die Harnröhre. Beide entleeren den Körper nach außen, im Gegensatz zu vielen Drüsen, die sich »nach innen entleeren«. Nostradamus spricht in diesem Zusammenhang an anderer Stelle vom »Rasen« der Sinne und »Versagen der Nieren«. Hier beschreibt er uns weiter einen Ort, an dem die roten »Blutkügelchen« nicht funktionieren, weil durch den Kampfstoff ein Fehler verursacht worden ist.

Als ich vor längerer Zeit zum ersten Mal Gelegenheit hatte, diesen Text zu lesen, konnte ich zunächst gar nicht glauben, dass ein Mensch des 16. Jahrhunderts etwas von den Blutkügelchen wissen konnte. Nostradamus war zwar Arzt, aber dieses Wissen konnte er eigentlich nur auf dem Weg des Hellsehens erlangt haben, den Kundige als »willkürliches Hellsehen« bezeichnen. Man muss sich das so vorstellen, dass Nostradamus zunächst sieht, dass der Betroffene keinen Urin mehr abgeben kann. Er will nun der Sache auf den Grund gehen und veranlasst seine seherische Gabe dazu, ihm den Ort zu zeigen, an dem sich die Ursache für dieses Übel befindet. So gelangt er über den »äußeren Ausgang« in die Blase und von dort bis zu den Nephren, also den Funktionseinheiten der Niere. Es geht ihm als Hellseher gar nicht so sehr darum, die Funktion eines Nephrons zu verstehen, sondern vielmehr die Ursache für die Fehlfunktion zu lokalisieren. Für die Ärzte der Zukunft ist somit eine Spur gelegt, und es liegt in ihrer Verantwortung, sie aufzunehmen und weiterzuverfolgen.

Im darauffolgenden Text beschreibt Nostradamus dann den Weg des Gifts. Es ist ein »Etwas«, das mit »spitzen Dolchen« ausgestattet ist. Meint er Mikroorganismen? Nun: Die

Wirkmechanismen von Bakterien haben eine andere Angriffs-strategie, bei der nichts an »spitze Dolche« erinnert. Dafür passt die Beschreibung sehr gut zur Funktionsweise von Viren:

> »Kommen werden sie, verborgen unter spitzen Dolchen. Durch Krätze gelangt der befallene Teil zum gesunden Gewebe.«

Der Vergleich zwischen dem Aufbau der Bakterien und der Viren zeigt auch dem Laien, dass die Beschreibung des Nostradamus sich einem Virus zuordnen lässt. Nachdem wir nun also wissen, wie der Krankheitsauslöser beschaffen ist, geht es in diesem Text mit der Beschreibung des Infektionsweges weiter.

Hier haben wir es, wie wir schon aus anderen Stellen bei Nostradamus geschlossen haben, mit einem »Kontaktgift« zu tun, das auf der Haut eine Art »Krätze« erzeugt. Deshalb beschreibt der Seher ja auch immer wieder, wie man sich am besten mechanisch vor dem tödlichen Niederschlag schützen kann. Über eine Entzündung der Haut dringen also die Viren in das gesunde Gewebe ein und lösen dann die Krankheit aus, die schließlich zum Tod führt.

Für mich persönlich gehört dieser Textblock zu den unangenehmsten unter denen, die ich zu interpretieren habe.

> »Die Gefahr lauert ringsherum, die Anzeichen sind bekannt. Der Urin wankt, riecht faulig und lagert sich im Körper ein.«

Das »Gift« ist nach dem Fallout der Wolken überall verteilt. Es befindet sich sowohl im Wasser als auch auf den Bäumen und Pflanzen. Schnell werden es alle, die noch leben, wissen, und man wird auch in der Lage sein, anhand von äußerlichen Anzeichen die Erkrankten zu identifizieren. Nostradamus hat sich in seiner Zeit als Arzt sehr intensiv mit Geruch und Farbe des Urins beschäftigt und kann uns schon allein deshalb präzise Informationen liefern:

der Urin wankt	➤	ist instabil
riecht faulig	➤	bedingt durch verringerte Harnproduktion
lagert sich im Körper ein	➤	Ödeme, Arme und Beine werden dick, ebenso die Bauchregion (Aszites)

Der nächste Hinweis ist nicht eindeutig zu übersetzen. Es könnte sich aber um so etwas wie das Element Chlor handeln. Vielleicht meint Nostradamus ein Stoffwechselprodukt, das Körpergase erzeugt, denn er spricht vom »Ort des zweigeteilten Echos«. Die Ärzte im Mittelalter horchten ihre Patienten bereits ab, ohne genau zu wissen, welche Geräusche sie welchem Organ zuordnen sollten. Ein »zweigeteiltes« Echo gibt es zum einen in der Region des Herzens und zum anderen im Magen, wobei das von Nostradamus genannte »Echo« sowohl das Rülpsen (im Mittelalter kein Makel) als auch das Furzen sein kann (man denke an die fälschlicherweise Martin Luther zugeschriebene Frage eines besorgten Gastgebers: »Warum rülpset und furzet ihr nicht, hat es euch nicht geschmacket?«).

»Der Anführer erobert das, was im Chlor ist, am Ort des zweigeteilten Echos. Das Leiden wird benannt werden nach dem hauptsächlichen Symptom. Der arme Leidende.

171

Was für ein Zeitalter. Treffen wird es alle Zeitgenossen tödlich.«

Das »hauptsächliche Symptom« bei den Kranken dürfte das Versagen der Nieren sein. Demnach werden die Ärzte unserer Tage wohl dieser Krankheit einen entsprechenden Namen geben. Nostradamus zeigt auch Mitleid mit den Erkrankten. Er schüttelt anscheinend den Kopf über unser Zeitalter und hinterlässt uns die seherische Botschaft, dass wir alle von dieser Krankheit betroffen sein werden, wobei »tödlich treffen« hier als »der Todesgefahr aussetzen« zu verstehen ist, denn im nächsten Absatz heißt es:

»Drei von Zehn sind in sieben Tagen tödlich erkrankt.«

Es ist nun wahrlich keine erfreuliche Prognose, wenn Nostradamus uns prophezeit, dass 30 Prozent aller Menschen (denn es werden ja alle befallen sein) den Infekt nicht überleben werden. Zum Trost fügt er aber noch Mittel und Wege an, wie man Herr über das Gift werden kann:

»Versuche, das Knöchrige zum Guten zu bringen, wird es geben. Zuvor ist eine Behandlung mit der Engel Narden erforderlich.«

Wir wissen ja bereits, dass es sich um eine Veränderung der roten Blutkörperchen handelt, die dazu führt, dass diese von unseren Nieren nicht »verarbeitet« werden können. Ein Ansatz zur Lösung des Problems wäre vielleicht beim Knochenmark zu suchen (»das Knöchrige«), also dem Ort, an dem im menschlichen Körper die roten Blutkörperchen gebildet werden. Was Nostradamus dann aber mit dem Ausdruck »der

Engel Narden« meint, ist nicht ganz leicht zu verstehen. Sicherlich wohl eine Pflanze, die in irgendeiner Form zur Selbstmedikation genutzt werden kann; an welche er aber denkt, ist eine nach wie vor offene Frage.

Dass man Hilfe nötig hat, sollte man besser gleich beim allerersten Symptom der Krankheit erkennen, weshalb Nostradamus uns hier deutlich darauf hinweist, worauf wir zu achten haben, damit wir wissen, ob wir zu den Erkrankten gehören:

> »Die Entdeckung der Krankheit erfolgt durch Rumoren im Magen.«

Abschnitt 19 von 25 für den Zeitraum von 2000 bis 2099

Ungeheuerliches verkündet Nostradamus für unsere unmittelbare Zukunft.

Hier der reine Text:

> »Schreie und Tränen der Seelen werden kommen mit den Kufen des Wassers. Die Erhöhten ihre Macht nicht erkennen werden. Das große Reich muss jedes Jahr sich im Osten behaupten/seine Pflicht tun. Der große Konflikt, welcher sich China nähert. Entsteht aus vorgetäuschter Flucht. Gegeben wird dann der Angriff.
> Die jungen Kinder der/des Größten man ehren wird. Einer nach dem anderen wird zur Macht gelangen.
> Der Konflikt spricht zu allen, ›ich bin zurückgekehrt‹. In der Umgebung werden sie tiefe umzäunte Plattformen/

Platten im Wasser errichten. Nie zuvor gab es ein niederträchtigeres und grausameres Wesen/Sein. Aber nach einiger Zeit wird seine Herrschaft im Osten vorbei sein.
Die Lilie der Geistesjahre, durch das Leid ausgelöst, erscheint in den Seelen, welche Sonne.
Zurückgedrängt das Lebende und getötet die Natur. Für
ihre Bräute im Sterben schwarze Verbannung. Zwei Jahre
auf Schiffen man überleben kann. Die Hälfte von zwei Phi
lang die Zeit hält keine Mahlzeiten.«

Die Soldaten mit den Wasserkufen

Wenn man gerade mittendrin ist im Studium der Texte des
Nostradamus für das 21. Jahrhundert, dann drängt sich
manchmal der Eindruck auf, dass sich alle prophezeiten Geschehnisse in unserer unmittelbaren Umgebung ereignen
werden. In dem nun vorliegenden Textblock geht es jedoch
schwerpunktmäßig um den Fernen Osten. Nostradamus erwähnt erneut jene neue Strategie, mit der man die Mobilität
von Soldaten mittels Wasserfahrzeugen auf Kufen erheblich
steigern wird.

Im Zweiten Weltkrieg und auch in anderen, regional be-
grenzten Konflikten, beispielsweise in Korea (UNO), Indo-
china (Frankreich), Vietnam (USA) und im Irak (USA), spiel-
ten Landungsfahrzeuge eine wichtige Rolle, die zugleich Hunderte von Soldaten absetzen konnten. Offenbar wird man auch
hier die Seesoldaten mit Wassermotorrädern auf Kufen, also
Fahrzeugen nach dem Jet-Ski-Prinzip, mobilisieren.

Nostradamus schreibt dazu:

»Schreie und Tränen der Seelen werden kommen mit den
Kufen des Wassers. Die Erhöhten ihre Macht nicht erkennen werden.«

Man könnte das Geheimnis, das in dieser Botschaft steckt, leicht überlesen, denn was verstehen wir unter den »Erhöhten«? Auf Anhieb meint man, dass es sich um die Regierenden handelt, also um die Oberbefehlshaber von Soldaten. Das dürfte jedoch eine falsche Spur sein, denn man kann es noch anders sehen: Die USA betreiben eine Vielzahl von Flugzeugträgern, die durch Begleitschiffe und eigene Flugzeuge an Bord bestens abgesichert sind. Diese Flugzeugträger ragen hoch aus dem Wasser; was aber machen sie, wenn sich ihnen, mit welchem taktischen Manöver auch immer, beispielsweise in der Straße von Hormus zehntausend schwer bewaffnete Soldaten in Jet-Ski-Fahrzeugen nähern?

Nostradamus sagt uns hier, dass die Kommandierenden auf ihren hoch über den Jet-Ski-Angreifern positionierten Befehlsständen gar nicht wissen werden, wie ihnen geschieht; wenn Nostradamus schreibt, sie würden »ihre Macht nicht erkennen«, dann meint er, dass es ihnen nicht gelingen wird, sinnvolle Gegenmaßnahmen zu ergreifen. Die Folge ist ein spektakuläres Desaster, das zu einem Umdenken in den militärischen Strategien des Seekriegs führen wird.

Anschließend wendet sich Nostradamus dem Osten, also Indien und China zu:

»Das große Reich muss jedes Jahr sich im Osten behaupten/seine Pflicht tun. Der große Konflikt, welcher sich China nähert. Entsteht aus vorgetäuschter Flucht. Gegeben wird dann der Angriff.«

Der Seher prophezeit, dass China das Opfer seiner eigenen politischen Empfindlichkeit werden wird. Wer auch immer es sein wird: Derjenige, der den Konflikt auslösen wird, hat einem anderen vorgemacht, er sei aus China geflüchtet. China greift daraufhin in den Dritten Weltkrieg ein. Zum jetzigen Zeitpunkt kann ich mir allerdings beim besten Willen nicht vorstellen, dass ein so schwerwiegender Schritt wegen einer einzigen Person vollzogen wird. Aber wie wir wissen, ist China höchst sensibel, wenn es um Taiwan und Tibet geht. Wir sollten daher in der nächsten Zeit die diese beiden Länder betreffenden Vorgänge besonders im Auge behalten. Vorstellbar ist zum Beispiel eine Eskalation des Konflikts um die Inselrepublik Taiwan, deren politische Zuordnung bis heute völlig ungeklärt ist, auch wenn die Volksrepublik China die Macht über sie beansprucht.

Nicht zu erkennen (um zum nächsten Spruch zu kommen) ist, wo sich im 21. Jahrhundert eine neue Art von Erblanden entwickeln soll, bei denen die Macht im Staat innerhalb einer Familie verbleibt. Einmal abgesehen von den Königreichen gibt es zwar Staaten wie Ägypten (Familie Mubarak), Libyen (Familie Gaddafi), Nordkorea (Familie Kim) und Syrien (Familie Assad), in denen eine Erbfolge wahrscheinlich ist, doch diese Familien gehören nicht zu den Größten dieser Welt. Es gäbe also auch keinen Grund, sie besonders zu ehren und den Seherspruch auf sie zu beziehen:

»Die jungen Kinder der/des Größten man ehren wird. Einer nach dem anderen wird zur Macht gelangen.«

In den nächsten Sätzen geht Nostradamus wieder auf den Dritten Weltkrieg ein:

»Der Konflikt spricht zu allen, ›ich bin zurückgekehrt‹. In der Umgebung werden sie tiefe umzäunte Plattformen/ Platten im Wasser errichten. Nie zuvor gab es ein niederträchtigeres und grausameres Wesen/Sein. Aber nach einiger Zeit wird seine Herrschaft im Osten vorbei sein.«

Erneut wird von Nostradamus eine Angriffs- oder Abwehrwaffe beschrieben. Es sind Plattformen im Wasser, die offenbar die Macht des bösen Herrschers im Osten sichern sollen. Nostradamus gibt hier denen, die unter dessen Herrschaft leiden, den tröstenden Hinweis, dass sie nicht lange währen wird. Aus meiner Gesamtübersicht über die Dinge meine ich sagen zu können, dass es sich hier um Vorgänge im Iran handeln muss.

Warum der Dritte Weltkrieg sein muss

Nun geht Nostradamus doch einmal auf den »Sinn« eines Dritten Weltkriegs ein. Lesen Sie seine Worte bitte so oft wie möglich und denken Sie für sich über das nach, was er uns sagen will:

> »Die Lilie der Geistesjahre, durch das Leid ausgelöst, erscheint in den Seelen, welche Sonne.«

Die Überlebenden des Dritten Weltkriegs werden andere Menschen sein! Durch das ungeheure Leid und all das Furchtbare, das sie erlebt haben, werden sie sich auf die seelisch-geistige Dimension unseres Daseins konzentrieren und dadurch große Fortschritte für sich und ihre Nachfahren erzielen. Die Zahl der Lebenden wird zunächst stark dezimiert und die Natur so vergiftet sein, dass sie nicht mehr für die Nahrungsmittelgewinnung genutzt werden kann:

> »Zurückgedrängt das Lebende und getötet die Natur. Für ihre Bräute im Sterben schwarze Verbannung. Zwei Jahre auf Schiffen man überleben kann. Die Hälfte von zwei Phi lang die Zeit hält keine Mahlzeiten.«

Ungeheuerliches verkündet Nostradamus für unsere unmittelbare Zukunft.

Hier der reine Text:

»Gestellt in den sehr goldenen Tempel der Bürger. Mit Blindheit Besprengtes. Der königliche Taler durch seine Schwäche zu sehr ausgemergelt ist.

Das heilige Reich wird daher nach Deutschland kommen. Verbrannt ist er, blutarm und zu hoch man ihn eingefasst hat. Und dort an geheimem Ort versteckt.

Großer Blutstrom verlässt seinen Mund. Die Eliten werden sichere Plätze gefunden haben, wenn man führen die Menschen wird zur Überschwemmung. Für ihre Wiedergeburt ist der Tempel offen, sie aber darin hungern werden. Die anglikanische Herrschaft durch die Regierung verhindert wird. Die Esel werden wollen auch das deutsche Handwerk ausüben. Zum Riesen die meisten flüchten.

Neuer Wutausbruch, schreckliche Kriegsbeute in ihrer Mitte. Für lange Zeit tote Vifs. Vereinigt sind sie wie Baumstümpfe. Für lange Zeit Tod der Vifs, obwohl sie sich winden werden wie der Stammvater. Die Anhänger werden alle mit Erde bedeckt werden. In der östlichen Grabstätte ein Feuer. Dadurch Erstgeborene zum Vorschein kommen werden.«

Verstecken die USA ihr Staatsvermögen und drucken stattdessen wertlose Dollars?

Es ist immer wieder erstaunlich, wie Nostradamus zu großen Problemen unserer Zeit Stellung nimmt. Wer erkennt die Geschehnisse, die hinter diesen Worten hier verborgen sind oder verborgen waren?

> »Gestellt in den sehr goldenen Tempel der Bürger. Mit Blindheit Besprengtes. Der königliche Taler durch seine Schwäche zu sehr ausgemergelt ist.«

Können Sie sich, liebe Leserinnen und Leser, vorstellen, was hier gemeint ist? Es geht um die Goldvorräte der USA und vermutlich auch um das Gold, das andere Staaten in den USA sicher hinterlegt haben. Ich neige zu der Interpretation, dass diejenigen, die sich auf den Goldvorrat bzw. Goldbestand der USA verlassen, mit Blindheit geschlagen sind. Dazu passt auch die nächste Formulierung. Der »königliche Taler« ist nämlich der in aller Welt akzeptierte und als Leitwährung festgelegte US-Dollar! Dollar ist übrigens der ins Englische übertragene »Taler«. Bedarf der nächste Satz eigentlich noch eines Kommentars? Wohl kaum. Jeder ahnt oder weiß es, dass der Dollar gegenüber den anderen Währungen künstlich gestützt wird, das heißt, sein Preis spiegelt nicht mehr seinen wahren Wert wider. Der Dollar ist für Nostradamus somit »ausgemergelt«.

Den folgenden Satz habe ich zugegebenermaßen über viele Jahre falsch interpretiert. Für mich war das »heilige Reich« eigentlich Israel, und ich habe diesen Satz stets dahingehend ausgelegt, dass sich der Staat Israel nach dem Dritten Weltkrieg, aus welchen Gründen auch immer, nach Deutschland verlagert. Jetzt, in der ausführlichen Version und im Gesamtkontext, erkenne ich jedoch, dass nicht Israel, sondern die Europäische Zentralbank des Euro gemeint ist, die ihren Sitz in Frankfurt am Main und somit in Deutschland hat.

> »Das heilige Reich wird daher nach Deutschland kommen. Verbrannt ist er, blutarm und zu hoch man ihn eingefasst hat. Und dort an geheimem Ort versteckt.«

Noch einmal bezieht sich Nostradamus auf den Dollar, und hier finden wir angedeutet, dass es bei allen Transaktionen der Vereinigten Staaten von Amerika darum geht, die realen Werte, die den Dollar absichern, aus dem Verkehr zu ziehen und an einem geheimen Platz zu horten.

Bringt man die Superreichen und Eliten der Menschheit vor dem Dritten Weltkrieg in Sicherheit?
Nostradamus spricht anschließend von dem Regierenden, der den Dritten Weltkrieg auslösen wird. Merkwürdigerweise geht er jetzt auf die Superreichen und die politischen Eliten dieser Welt ein:

> »Großer Blutstrom verlässt seinen Mund. Die Eliten werden sichere Plätze gefunden haben, wenn man die Menschen führen wird zur Überschwemmung. Für ihre Wiedergeburt ist der Tempel offen, sie aber darin hungern werden.«

Dieser Seherspruch ist nur mit einem gewissen Hintergrundwissen deutbar. Bitte stellen Sie sich vor, dass während des Dritten Weltkriegs viele Millionen, vermutlich sogar Milliarden Menschen getötet werden. Mit wenigen Worten deutet Nostradamus uns an, dass er deren Reinkarnation voraussieht. Manch einer wird nun erstaunt sein, doch weder im jüdischen Ritus noch in anderen Weltreligionen steht die Wiedergeburt in Frage. Für Nostradamus ebenso wenig. Allerdings weist der Seher die Kundigen auf ein Problem hin, welches die Realität einer Wiedergeburt voraussetzt: Wenn schlagartig viele Seelen von ihren Körpern getrennt werden, dann müsste es zu einem »Stau« bei ihrer Wiedergeburt kommen, denn hierfür müssten ja Eltern in ausreichender Anzahl zur Verfügung stehen.

Was Nostradamus in diesem Seherspruch hinterlegt hat, kann also mit anderen Worten folgendermaßen ausgedrückt werden: Sie werden zwar Körper (»Tempel«) bekommen, aber in ebendiesen Körpern werden sie »hungern« müssen. Der naheliegende Grund hierfür sind die dann herrschenden Versorgungsschwierigkeiten, von denen wir bereits gelesen haben. Bitte denken Sie zurück an die von Nostradamus geschilderten Maßnahmen, zum Beispiel die Zuteilung der Lebensmittel durch die »nichtmenschliche Regierung« usw.

Auch die nächste Vision lässt sich durch vorausgegangene Textstellen erklären. Nach dem Dritten Weltkrieg wird der Vatikan innerhalb der Christenheit nicht mehr dieselbe Rolle spielen wie bisher. Die Macht, die Christenheit zu lenken, wird einer anglikanischen Herrschaft zufallen. So weit unser aktueller Stand bei der Interpretation der Nostradamus-Prophezeiungen für die katholische Kirche. Nun jedoch erfahren wir Neues:

»Die anglikanische Herrschaft durch die Regierung verhindert wird. Die Esel werden wollen auch das deutsche Handwerk ausüben. Zum Riesen die meisten flüchten.«

Die sich anbahnende Vormachtstellung der anglikanischen Kirche im Christentum wird also kurz vor ihrer Vollendung doch noch verhindert! Um diese Worte besser verstehen zu können, sollten wir uns daran erinnern, dass Nostradamus dem Islam das Sinnbild des Esels zugeordnet hat, und zwar, weil zu seiner Zeit in den islamischen Ländern der Esel das hauptsächliche Lastentier war. Der Begriff war somit neutral gewählt und sollte keinesfalls eine Beleidigung darstellen. Die Briten bekamen von ihm als Sinnbild die Ziege, die Juden das Schaf, und den USA ordnete er die Kuh zu.

Europa ist nun also entvölkert, der Nahe und der Mittlere Osten sind unbewohnbar, der Süden Italiens ist zu heiß. Die Christen versuchen, jenseits der Alpen eine neue Heimat zu finden, und die Muslime ebenfalls. Daraus ergibt sich mit der Zeit eine Situation, in der nicht nur die Christen im Norden Europas und noch weiter im Osten, sprich im chinesischen Einflussbereich Zuflucht suchen werden. Bitte denken Sie auch daran, dass der Vatikan seinen künftigen Sitz in China haben wird!

Naher und Mittlerer Osten werden unbewohnbar

Es ist ganz und gar nicht erfreulich, was Nostradamus für unsere Zeit hinterlegt hat. Wir erinnern uns, dass der Dritte Weltkrieg laut Nostradamus aus zwei Kriegen besteht. Der erste Krieg ist das, was wir unter einem Raketenkrieg mit Atomwaffen verstehen. Der zweite Krieg bringt einen Angriff mit Chemiewaffen mit sich, und erst dieser zweite Krieg wird weite Landstriche unserer Erde für lange Zeit – Nostradamus spricht von elf Jahren – unbewohnbar machen. Hier die nächste Textpassage:

»Neuer Wutausbruch, schreckliche Kriegsbeute in ihrer Mitte. Für lange Zeit tote Vifs. Vereinigt sind sie wie Baumstümpfe. Für lange Zeit Tod der Vifs, obwohl sie sich winden werden wie der Stammvater. Die Anhänger werden alle mit Erde bedeckt werden. In der östlichen Grabstätte ein Feuer. Dadurch Erstgeborene zum Vorschein kommen werden.«

Dieser Textabschnitt ist als Warnung an die Nachkommen des Abraham zu verstehen. Ob nun ein islamischer Staat die Chemiewaffen beispielsweise aus der ehemaligen Sowjetunion als Kriegsbeute übernommen hat, oder ob es sich um eine geheime Eigenentwicklung handelt, geht aus diesen Worten nicht eindeutig hervor. Wegen des Ausdrucks »Kriegsbeute« sollten wir jedoch eher an die erste Möglichkeit denken!

Die Folge dieses Chemiewaffen-Einsatzes ist die Entvölkerung ganzer Landstriche, in diesem Fall des Nahen Ostens. Achten Sie darauf, welche Menschen der Seher hier insbesondere anspricht: Nostradamus warnt die »Vifs«, also die Juden, insgesamt dreimal in diesem kurzen Abschnitt:

1. »Für lange Zeit tote Vifs.«
2. »Für lange Zeit Tod der Vifs.«
3. »Die Anhänger werden alle mit Erde bedeckt werden.«

Nostradamus schreibt weiter, dass »Erstgeborene zum Vorschein kommen werden«. Es sind nur wenige Wörter, aber sie enthalten eine brisante Information. Man munkelt nämlich, dass im Nahen Osten eine Chemiewaffe entwickelt wird, die nur ganz bestimmte Träger von bestimmten Erbinformationen (DNA) angreifen wird (siehe oben Abschnitt 9 von 25). Sollte diese Waffe nun aber wirklich eingesetzt werden, dann müssten die Angreifer damit rechnen, dass – infolge eines Denkfehlers – auch sie selbst eliminiert werden. Übrig blieben in so einem Fall laut Nostradamus nur solche Genträger, die eine Original-Erbinformation des Abraham in sich tragen. Nostradamus hierzu:

»Dadurch Erstgeborene zum Vorschein kommen werden.«

Erlauben Sie mir bitte an dieser Stelle folgende Zusammenfassung: Wer auch immer aus welchen Gründen auch immer den Dritten Weltkrieg auslösen wird, der wird am Ende feststellen, dass alle seine Überlegungen grundfalsch waren und es am Ende völlig anders gekommen ist, als von ihm geplant!

Abschnitt 21 von 25 für den Zeitraum von 2000 bis 2099

Ungeheuerliches verkündet Nostradamus für unsere unmittelbare Zukunft.

Hier der reine Text:

»Um das Große zu regieren, der große Herrscher regieren wird.
Die unglückseligen Knoten/Äste man nehmen wird. Des Neffen Witwe und das Blut vom neuen Heiligen abstammen. Zweiseitig geflochten wird man einen neuen Bund schließen.
Durch Waffengewalt sind die großen Tore der Luft am Angelhaken. Zur großen Freude aller. Aber das Ende wird

unglücklich sein. Gerede über die gestützten Bögen und Dächer. Das Feuer (der Neun) reinigt das zum Adel Gehörige und tötet das Goldene. Geöffnet wird das Erbe, und der Herzog ist hocherfreut. (H)Iram und die schwarze Mutter werden verachtet werden. Sie werden verfolgt, vernichtet und entmachtet.

Großes Bauwerk, Toulouse fängt ihre Angriffe auf. Der Hafen zerstört, Schiffe auf dem Meeresgrund, offen des Nachts/bei Dunkelheit.

Die Sonne stirbt und wird schwarz und noch erbärmlicher. In Rot und Schwarz verwandelt sich ihr Grün auf Erden. Wenn der Herr der Neun demonstriert das in der Klemme steckende Wasser.«

Der erste Satz dieses Textabschnitts bezieht sich offenbar wieder auf China. Das heutige Russland ist genau wie Europa durch den Dritten Weltkrieg nahezu entvölkert worden. In diese Landstriche drängen die chinesischen Überlebenden. An anderer Stelle ist davon die Rede, dass sie bis zum Ural vordringen werden, und das, nebenbei gesagt, ohne kriegerische Handlungen. Es sind Völkerwanderungen, die durch Versorgungsengpässe, sprich durch Hunger ausgelöst werden.

»Um das Große zu regieren, der große Herrscher regieren wird.«

Warum Nostradamus dieses Wortspiel benutzt, ist für uns noch nicht erkennbar. Man kann nur vermuten, dass sich ein neuer Herrscher des Ostens erheben wird. Gleichzeitig haben wir von Nostradamus ja an anderer Stelle gehört, dass auch in Spanien ein großer König kommen wird. Aber wie gesagt, wir wissen nicht, warum Nostradamus an dieser Stelle einen Hinweis auf China einstreut, bevor er ausführlich ein anderes Thema bespricht:

Die Entschlüsselung der Urzelle der Schöpfung

Die Menschen, die nach dem großen Desaster zu Beginn des 21. Jahrhunderts leben, werden sich mit Hochdruck auf die Entschlüsselung der Urzelle der Schöpfung, aus der auch der Mensch hervorgegangen ist, konzentrieren. Hierzu hat Nostradamus recht viel an Text hinterlassen, zum Beispiel:

> »Die unglückseligen Knoten/Äste man nehmen wird. Des Neffen Witwe und das Blut vom neuen Heiligen abstammen. Zweiseitig geflochten wird man einen neuen Bund schließen.«

Es geht hier offenbar um den Gen-Defekt, der sich in unseren Zellen über Jahrmillionen entwickelt hat und den es nun zu reparieren gilt. Hierbei muss man wissen, dass dieser Gen-Defekt sich schon in dem biblischen Begriff der Erbsünde findet. Die Vertreibung aus dem Paradies bzw. aus dem paradiesischen Urzustand hängt nämlich buchstäblich damit zusammen, dass Adam etwas gegessen hat! Als Metapher dafür steht der Apfel, durch dessen Verzehr er etwas aufgenommen hat, das wiederum bewirkt, dass er seinen reinen Urzustand verliert. Um zur Biologie der Zukunft zurückzukehren, kann man die Sache auch so auslegen, dass die Gen-Kette des Menschen – aus welchem Grund auch immer – mittlerweile eine Sequenz zu viel enthält. Und dies ist genau der Erbsünde-Effekt, den man nur beheben kann, indem man diesen Teil der DNA identifiziert und den Samen des Mannes entsprechend verändert, damit der Defekt nicht mehr weitergegeben bzw. weiterverbreitet werden kann.

Wer sich ein wenig mit den Prinzipien der Weitergabe menschlichen Erbgutes auskennt und weiß, wie lange die Menschheit gebraucht hat, um zu diesen Erkenntnissen zu gelangen, der wird sich einmal mehr staunend fragen, wie Nostradamus schon zu seiner Zeit so tief in die künftigen Erkenntnisse der Wissenschaft vordringen konnte. Ich meinerseits bin mir sicher, dass er den Titel »König der Seher« durchaus verdient hat!

Nach der Beschreibung der Methoden, mit denen die künftigen Menschen die Folgen der »Erbsünde« korrigieren werden, wendet sich Nostradamus noch einmal einem weiteren zentralen Thema seiner Prophezeiungen zu, nämlich unserem Sonnensystem. Man erkennt dieses Thema sofort an dem Ausdruck »Neun«, womit er für gewöhnlich die neun Planeten unseres Sonnensystems meint: Merkur, Venus, Erde, Mars, Jupiter, Saturn, Uranus, Neptun und Pluto. Wobei wir bei einem Seher wie ihm offen lassen sollten, ob er mit Letzterem wirklich den Pluto meint, den wir heute kennen, der aber zu seiner Zeit noch nicht bekannt war, oder ob er mit einer Art »Leerstelle« rechnete, weil er wusste, dass es noch einen weiteren Planeten geben musste.

»Durch Waffengewalt sind die großen Tore der Luft am Angelhaken. Zur großen Freude aller. Aber das Ende wird unglücklich sein. Gerede über die gestützten Bögen und Dächer. Das Feuer (der Neun) reinigt das zum Adel Gehörige und tötet das Goldene.«

Dies sind Informationen, die für uns alle neu sind, denn das, worauf sie sich beziehen, hat in unserem bisherigen Leben keine Rolle gespielt. Demnach gab es in unserem Sonnensystem einst einen weiteren Planeten, der offensichtlich von intelligenten Geschöpfen bewohnt war. Die »Tore der Luft am An-gelhaken« sollten wir als Beschreibung für die Achse dieses Planeten und für sein Magnetfeld ansehen. Wie auch immer es geschah, jedenfalls wurde ebenjenes Magnetfeld nach diesem Bericht des Nostradamus entweder gestört, fiel aus oder wur-de zerstört. Der Planet zerbarst. Nun ist die Gemeinschaft der verbliebenen Planeten dabei, die Trümmer dieses zerstörten Planeten durch ihre eigenen Magnetfelder zu »reinigen«. Hier-bei stellt sich allerdings ein Nebeneffekt ein, der für uns Men-schen ganz und gar unerfreulich ist. Die Prozesse, die das Funktionieren unserer Sonne (der »Goldene[n]«) gewährleis-ten, werden empfindlich gestört. Das also ist der Grund, war-um unsere Sonne an Kraft verliert! Damit hätten wir endlich die Ursache des Problems erfahren, dem sich die Menschheit im letzten Drittel des 21. Jahrhunderts gegenübersehen wird.

Nostradamus kündigt zu unserer Beruhigung an dieser Stelle bereits an, dass man in der Lage sein wird, das Problem zu beheben:

»Geöffnet wird das Erbe, und der Herzog ist hocherfreut. (H)Iram und die schwarze Mutter werden verachtet wer-den. Sie werden verfolgt, vernichtet und entmachtet.«

Die schwarze Mutter ist das Gift, die Antisonne, die Kraft, die unserer Sonne schadet. Genau genommen haben wir es hier mit der Beschreibung eines der Urgeheimnisse der Funktion unseres Sonnensystems zu tun. Gern würden wir nun noch mehr zu dem Thema erfahren, aber stattdessen folgt wieder ein Einschub, der den Verlauf des Dritten Weltkriegs beschreibt. Warum Nostradamus diese Zeilen gerade hierhin gesetzt hat, bleibt ein Rätsel. Denkbar ist allenfalls ein kompositorisches Problem, weil an einigen Stellen des Textes durch die »dreifach gebrochene Rute« (siehe Kapitel 1) aus technischen Gründen eine Lücke entstanden war, die er anschließend mit einem Thema des 21. Jahrhunderts »auffüllte«.

»Großes Bauwerk, Toulouse fängt ihre Angriffe auf. Der Hafen zerstört, Schiffe auf dem Meeresgrund, offen des Nachts/bei Dunkelheit.«

Wir dürfen niemals vergessen, dass Nostradamus sich in erster Linie auch als gallischer Seher verstand. Angelegenheiten der Landstriche, in denen er gelebt hatte, wurden von ihm immer bevorzugt beschrieben. Diese Sätze sind also höchstwahrscheinlich für Südfrankreich bestimmt. Er schreibt, dass die Franzosen ein Abwehrsystem bauen, das von Toulouse aus gesteuert wird. Denkbar ist auch, dass es sich bei dem Hafen um Toulon handelt. Er weist seine Landsleute auf jeden Fall darauf hin, dass hier eine Lücke im Abwehrsystem auftreten wird. »Des Nachts« oder ähnliche Ausdrücke bedeuten bei Nostradamus so viel wie »geheim«, so dass es sich um ein geheimes Abwehrsystem handeln dürfte. Seine Botschaft: »Dort ist eine Schwachstelle, überprüft und behebt sie!«

Wenn die Sonne erlischt
Nachdem Nostradamus nun also einen zerborstenen Planeten als die Ursache für die künftigen Probleme unserer Sonne offenbart hat, fügt er weitere Informationen zum Thema an:

»Die Sonne stirbt und wird schwarz und noch erbärmlicher. In Rot und Schwarz verwandelt sich ihr Grün auf Erden. Wenn der Herr der Neun demonstriert das in der Klemme steckende Wasser.«

Viele von uns sehen mit sehr großer Sorge auf die Zeit des Dritten Weltkriegs, die uns unmittelbar bevorsteht. Sie ist aber geradezu »nichts« im Vergleich zu den eigentlichen Problemen, die etwa um das Jahr 2070 auf die Menschheit zukommen. Aller Augen und Gedanken sind auf das Nächstkommende gerichtet, und daher hat bisher auch niemand über die Konsequenzen nachgedacht, die sich aus einem Ausbleiben der Sonnenstrahlung für unsere Erde ergeben werden.

Vergegenwärtigen Sie sich bitte einmal eine totale Sonnenfinsternis; nun stellen Sie sich vor, es wird nicht wieder hell. Und die Ursache der schwarzen Sonne ist auch keine Sonnenfinsternis, vom Mond ist ohnehin nichts zu sehen. Die Sonne ist einfach schwarz geworden! Sie leuchtet nicht mehr! Allenfalls ein schwaches Glimmen lässt noch erahnen, wo die Sonnenscheibe am schwarzen Himmel steht.

Das ist in etwa die Situation, die unsere Nachkommen erleben werden. Aber dies ist nur der Anfang! Es wird auch schnell kalt auf der Erde. Die Wassermassen, die in Form von Dampf in der Atmosphäre kreisen, stürzen infolge des Ausbleibens der Sonnenenergie auf die Erde zurück. Dort, wo die Luft noch von der Sonne aufgeheizt ist, als sintflutartiger Regen, dort, wo es ohnehin kalt war, als Schnee. Alles auf der Erde gefriert.

Denken Sie an die ersten Frosttage im Herbst oder Winter. Das letzte Grün im Gemüsegarten erfriert und wird graubraun, dann schwarz und schließlich, wenn es wieder wärmer wird, modrig und faulig:

»In Rot und Schwarz verwandelt sich ihr Grün auf Erden.«

Ein apokalyptisches Bild, das Nostradamus hier zeichnet. In einem der nächsten Textblöcke wird er jedoch davon berichten, dass die Menschen dieses Problem mit der Sonne korrigieren können, so dass das Leben auf unserem Planeten doch nicht völlig aussterben wird. Bevor wir uns aber mit dieser tröstlichen Mitteilung beschäftigen, noch der Schlusssatz in diesem Textblock:

»Wenn der Herr der Neun demonstriert das in der Klemme steckende Wasser.«

Inzwischen sind wir es ja gewohnt, immer wieder staunend zuzugeben, dass Nostradamus ein außergewöhnlicher Seher war. Mit ganz wenigen Worten hinterlegt er hier nun für uns die Ursache dieser Prüfung für die Menschheit: Es ist der Wasserstoff!

Abschnitt 22 von 25 für den Zeitraum von 2000 bis 2099

Ungeheuerliches verkündet Nostradamus für unsere unmittelbare Zukunft.

Hier der reine Text:

»Die alten Wege werden alle verschönert. Geboren in die Welt durch die fruchtbare Sonne.
Vom Pol der Sonne in Höhlen gefangen. Unter der Mitternacht ist der Aufseher geschützt. Man wird sich zur Materie begeben, um sie zu bestehlen. Bei zwei in die Höhe Gestellten spricht man von traurigen Neuigkeiten. Eingefangen und festgehalten, herangezogen durch den Bart.
Das plötzliche Verschwinden der Sonnenkraft wird von der großen Sorgfalt zum Rückwärtsgehen gebracht.

Zwischen den extremen Polen wird das Genommene gefangen gehalten. Das Gefangene wird wie ein Haustier eingesperrt. Sieben Jahre später wird seine Wirkung nicht geschmälert sein. Gemacht werden Beben des Meeres und der Landschaft.

Seelen werden geboren, gleichartig und von rücksichtslosen Zellen. Durch die blutigen Jahre geführt werden sie bei den Arabern. Ihrer Rückkehr man nicht zustimmen wird.«

Die Entfaltung des Wissens um die Zusammenhänge im Universum

Das 21. Jahrhundert ist trotz der Herausforderungen und Bedrohungen des menschlichen Lebens auf Erden eine großartige Zeit für die Wissenschaft. Vielleicht sogar gerade deswegen. Gemeint sind die Jahrzehnte, in denen mit der Entdeckung der Gesetze von Raum und Zeit die ersten wirklich bahnbrechenden Entdeckungen im Bereich der Naturgesetze gemacht werden. Viele von uns sind der Meinung, dass die Grundlagen hierfür bereits umfassend gelegt worden sind. Sie würden sich wundern! Gesetze des Raumes sind gleichbedeutend mit Gesetzen der Physik und Chemie. Gesetze der Zeit entsprechen der Mathematik und der Philosophie.

»Die alten Wege werden alle verschönert. Geboren in die Welt durch die fruchtbare Sonne.«

Dies sind die Worte, mit denen Nostradamus ebendiese Periode im 21. Jahrhundert beschreibt! So gesehen werden die Zweige von Wissenschaft und Forschung, die sich mit der Sonne beschäftigen, die Königinnen der künftigen Wissenschaften werden. Nostradamus nennt Details:

»Vom Pol der Sonne in Höhlen gefangen. Unter der Mitternacht ist der Aufseher geschützt. Man wird sich zur Materie begeben, um sie zu bestehlen.«

Diese Worte des Nostradamus betreffen die Forschung bezüglich der Energie zum Nulltarif, die uns dann in unbegrenzter Menge zur Verfügung stehen wird. Vielleicht sollte man ergänzen, dass wir die schwächer werdende Leuchtkraft der Sonne durch diese Energie zum Nulltarif halbwegs ausgleichen bzw. die Durststrecke für einige Zeit überbrücken können.

»Bei zwei in die Höhe Gestellten spricht man von traurigen Neuigkeiten. Eingefangen und festgehalten, herangezogen durch den Bart.«

Die »zwei in die Höhe Gestellten« dürften Beobachtungsstationen sein oder Satelliten, die im Orbit schweben oder um die Sonne kreisen. Offenbar sind die Messergebnisse, die sie von der Sonne liefern, beunruhigend. Noch interessanter aber ist die Frage, an welchem Ort diese Messungen vorgenommen werden. Für den Seher hat die Sonne jedenfalls Bärte, womit er die für uns sichtbaren Sonneneruptionen meint.

Eines Tages wird man aus diesen Teilchenbögen die Informationen erhalten, die man braucht, um die Vorgänge in der Sonne zu durchschauen.

»Das plötzliche Verschwinden der Sonnenkraft wird von der großen Sorgfalt zum Rückwärtsgehen gebracht.«

Schon an anderen Stellen spricht Nostradamus von der »Sorgfalt«, wenn er »Wissenschaft in Verbindung mit Technik«

ausdrücken will. Demnach sagt er uns voraus, dass sich Wissenschaft und Technik eine Lösung für das Problem mit der Sonne einfallen lassen werden. Deren Ausführung folgendermaßen aussehen wird:

»Zwischen den extremen Polen wird das Genommene gefangen gehalten. Das Gefangene wird wie ein Haustier eingesperrt. Sieben Jahre später wird seine Wirkung nicht geschmälert sein. Gemacht werden Beben des Meeres und der Landschaft.«

Diese Schilderung mag uns zu Beginn des 21. Jahrhunderts Lebenden noch unverständlich erscheinen, doch später wird es sicher kein Problem mehr sein, diese Vorgehensweise zu verstehen. Nur zwei Hinweise sind auch heute schon für uns von Interesse: Erstens werden die Menschen erst nach sieben Jahren erkennen, ob das System, mit dem man die Sonne künstlich gezündet hat, auf Dauer funktionieren wird. Und zweitens hat das Sonnenproblem offenbar Nebenwirkungen: Da die Leuchtkraft der Sonne irgendwie mit der Gravitation zusammenhängt, sagt Nostradamus für die Zeit der schwächer werdenden Sonne Seebeben und Erdbeben voraus. Gut zu wissen – so wird man sich darauf einstellen können!

Im 21. Jahrhundert wird es außerdem Fehlentwicklungen geben, die bis heute allenfalls Stoff für Hollywood-Filme sind: geklonte Menschen! Nostradamus schreibt Folgendes:

»Seelen werden geboren, gleichartig und von rücksichtslosen Zellen. Durch die blutigen Jahre geführt werden sie bei den Arabern. Ihrer Rückkehr man nicht zustimmen wird.«

Interessanterweise wird es die ersten geklonten Menschen also im islamischen Raum geben. Dabei ist leider nicht ganz klar zu erkennen, ob es sich um Soldatenmenschen mit besonderen Kampfeigenschaften handelt, oder ob hier Menschen gemeint sind, die keine besondere Funktion, dafür aber immer dieselbe, in irgendeiner Form aggressive Zellstruktur haben. Auf jeden Fall kann man aus den Worten des Nostradamus herauslesen, dass diese Experimente entweder verboten oder eingestellt werden.

Abschnitt 23 von 25 für den Zeitraum von 2000 bis 2099

Ungeheuerliches verkündet Nostradamus für unsere unmittelbare Zukunft.

Hier der reine Text:

»Plötzlich Freude zu jäher Trauer. Die drei dünnen Häutchen (Hautschuppen) werden sich dazwischen wieder aufbauen. Als Zweites und Drittes, die die erste Grundlage für das Mosaik bilden. Danach werden fünf Hautlöcher nicht nach außen geöffnet. Er wird sein begnadigt und zum Dank mit einem Duft umgeben sein. Das Größte am wenigsten lang bleiben wird. Gehe zu den Kosten. Sie werden vom König in Ehren gehalten. Ein Flüchtiges (Gas) für das Gute man dort erwerben wird.

Zweikämpfe und das Ende des Öls. Schreie, Tränen, Waffen und das Blut. Ungewöhnlicher Jubel wird entstehen. Der große Auserwählte (des Nils) nicht mehr wird sein der Schutzherr.

Das Fette und das Magere genießen fast den gleichen Ruhm. Eine falsche Annahme entsteht. Falsche Mauern werden gemauert. Abhilfe kommt infolge des Plätscherns, das man hört. Die gefährlichen Einfassungen werden überwacht und geschützt. Sie werden es nennen: ›Steuerbares Feuer des weißen Weges‹.
Gold nicht den Sunniten/Nackten. Falsches niedergedrückt wird. Der Herr des Stuhls infolgedessen hilflos sein wird.«

Die Grundlage für eine Lebenszeit von bis zu 450 Jahren

Es wäre wohl die höchste Errungenschaft der Menschheit, wenn es ihr gelänge, die Ursachen des vorzeitigen Alterns zu erkennen. Der Seher geht mit seinen Worten auf das Thema ein:

»Plötzlich Freude zu jäher Trauer. Die drei dünnen Häutchen (Hautschuppen) werden sich dazwischen wieder aufbauen. Als Zweites und Drittes, die die erste Grundlage für das Mosaik bilden.«

Die Entdecker werden nach des Sehers Worten hin- und hergerissen sein. Es zeigen sich ihnen offenbar Vor- und Nachteile des längeren Lebens. Der Schlüssel liegt auf jeden Fall in den Hautzellen. Das, was Nostradamus als »Häutchen« oder »Hautschuppen« bezeichnet, dürften wohl die drei bekannten Hautschichten sein.

Es geht hierbei natürlich auch um die Reihenfolge! Nostradamus meint wohl, dass die zweite und die dritte Hautschicht die entscheidende Rolle spielen. Er bezeichnet die Hautoberfläche als »Mosaik«, wozu es keiner großen Seherkunst bedarf, denn dieses Mosaik zeigt sich jedem, der seine eigene Haut genauer betrachtet. Dann kommt er endlich zur Beschreibung der Methode, deren Anwendung zu längerem Leben führen wird. Seine Worte sind jedoch zweideutig, und wir müssen uns fragen, ob Nostradamus Hautöffnungen wie Schweißdrüsen, Talgdrüsen und Haare meint, oder ob es ihm um die Öffnungen der Hautzelle geht.

»Danach werden fünf Hautlöcher nicht nach außen geöffnet. Er wird sein begnadigt und zum Dank mit einem Duft umgeben sein. Das Größte am wenigsten lang bleiben wird.«

Erste Ansätze, das Geheimnis unserer Haut zu enträtseln, werden gegenwärtig bereits diskutiert. So liest man in den Medien von einem winzigen Organ, dem »Jungbrunnen des Menschen«. Gemeint ist der sogenannte Haarschaft. Dieser winzige Ursprungsort des Haars liefert Forschern gleich drei Arten von Stammzellen, aus denen sie die unterschiedlichsten Gewebe gewinnen können und deren Funktionen sie erst langsam zu verstehen beginnen.

Wenn man es recht betrachtet, dann beziehen sich die Worte des Sehers wohl auf die Keimzelle der Haut selbst. Wer die richtige Methode anwendet und es schafft, diese Öffnungen der Haut zu verschließen, der wird anschließend von einem angenehmen Duft umgeben sein. Dies wiederum lässt den Rückschluss zu, dass der Stoffwechsel verändert bzw. verlangsamt wird, wodurch weniger Stoffwechselprodukte und Gase freigesetzt werden, die bislang über die Haut ausgeschieden werden und weiterhin die Verwendung von Parfüms und Deodorants erfordern.

»Gehe zu den Kosten. Sie werden vom König in Ehren gehalten. Ein Flüchtiges (Gas) für das Gute man dort erwerben wird.«

Auffallend ist, dass Nostradamus hier die Kosten für die Forschung erwähnt. Seit wann, so möchte man fragen, interessiert sich der Seher denn dafür? Aber vielleicht legt er ja auch nur eine Spur für ein tiefergehendes Verständnis. An anderer Stelle schreibt er, dass die Forscher, die diesen Vorgang erkennen und einen praktischen Weg zur Nutzung dieser Entdeckung aufweisen, mit den höchsten Ehren belohnt werden. Man darf also mutmaßen, dass Nostradamus hier eine neue Liste der »allzeit zu Verehrenden« andeutet. Eine ähnliche Formulierung benutzt Nostradamus übrigens auch bei den Wissenschaftlern, die eine Form der Energiegewinnung zum Nulltarif entwickeln werden!

Doch schon wendet sich der Seher wieder einem anderen der großen Themen des 21. Jahrhunderts zu, dem schon mehrfach erwähnten Niedergang des Ölreichtums der Arabischen Halbinsel. Hier seine nächste Beschreibung:

»Zweikämpfe und das Ende des Öls. Schreie, Tränen, Waffen und das Blut. Ungewöhnlicher Jubel wird entstehen. Der große Auserwählte (des Nils) nicht mehr wird sein der Schutzherr.
Das Fette und das Magere genießen fast den gleichen Ruhm.«

Der Umsturz in Saudi-Arabien und in den Emiraten am Persischen Golf wird hiernach sehr grausam sein. Die Revolte wird in eine Zeit fallen, in der auch der Machthaber von Ägypten mit seiner Militärmacht nicht mehr helfend eingreifen kann. Diese Bemerkung des Nostradamus lässt darauf schließen, dass mit der Nutzung der Energie zum Nulltarif der Höhenflug dank des Goldes aus den Ölverkäufen schlagartig zu Ende gegangen ist und die Nutznießer fast über Nacht an Einfluss verloren haben. Darüber wird die Welt jubeln. Reiche und arme Staaten werden quasi von einem Tag auf den anderen gleichgestellt sein, ein Umstand, der unsere Welt wahrlich verändern wird!

Anschließend wird von Nostradamus in diesen Zeilen ein wissenschaftlicher Irrtum beschrieben, bei dem es wohl, man kann es erahnen, immer noch um die Energie zum Nulltarif geht:

>»Eine falsche Annahme entsteht. Falsche Mauern werden gemauert. Abhilfe kommt infolge des Plätscherns, das man hört. Die gefährlichen Einfassungen werden überwacht und geschützt. Sie werden es nennen: ›Steuerbares Feuer des weißen Weges‹.«

Der Name der Energie zum Nulltarif
Der Name, den Nostradamus dieser Art der Energiegewinnung gegeben hat, ist erklärungsbedürftig. Aus unserem Verständnis heraus müssten wir seine Worte so übersetzen:

>»Steuerbare Energie aus dem Nichts«.

An anderen Stellen wird der Begriff »Nichts« stets in dem Sinne verwendet, dass von Dingen gesprochen wird, die nicht mit bloßem Auge zu erkennen sind. Dass etwas nur mit Hilfsmitteln sichtbar gemacht werden kann, drückt Nostradamus häufig auch folgendermaßen aus: »xy unter dem Tisch«.

Wir lesen weiter:

> »Gold nicht den Sunniten/Nackten. Falsches niederge-
> drückt wird. Der Herr des Stuhls infolgedessen hilflos sein
> wird.«

Das ist natürlich noch einmal ein Ausblick darauf, dass der
Islam seine Einnahmequelle verliert und dadurch zurückgedrängt wird. Interessant dabei ist vor allem der Hinweis auf
das Gold, das den Sunniten nicht mehr zur Verfügung steht.
Dieser Verlust schadet offenbar auch ihrer Weltanschauung,
und ihr Oberhaupt besitzt keine Macht mehr.

Abschnitt 24 von 25 für den Zeitraum von 2000 bis 2099

Ungeheuerliches verkündet Nostradamus für unsere unmittelbare Zukunft.

Hier der reine Text:

> »Eintreten werden Zugehörige des Ordens der römischen
> Bescheidenheit.
> Am Ort der Lichtung der Zellen sie sich vereinigen. Durch
> die fünf Leben man trifft eine große Flüssigkeit. Im Öl der
> Galle das Öl des neuen Schlüssels versteckt ist. Es wird
> isoliert. Ihre Wohltat dem Problemorgan zugeführt wird.
> Es sind die Knoten des Stumpfs, die für lange Zeit bearbei-
> tet sind.
> Die Wirkung ist, dass sie den Tempel gewaltsam öffnen. Es
> ist das große Salzige. Eine wird verlassen die chemische

Verbindung der Dreiheit. Alle ihre Wirkungen werden hervorragend sein, vor allem am Ort des Grünlichen, der vom Schorf befallen ist.

Ein Element von nobler Gesellschaft und Doppeltreffer. Zehn Bestandteile werden sie vernichten und verfolgen. Die versprengten Bestandteile dem goldenen Schwur hinzufügen. Junge Alte aufteilen in Angst Geborene.

Die Bohrung ist der Schlüssel zum Adler. Nadel, niemals wird es ein größeres Stechen geben. Große Niederlage. Besiegte vereinigen sich. Abgrenzung wird hinzugefügt.«

Die Renaissance des Franziskaner-Ordens in China

Nostradamus hat für dieses Jahrhundert prophezeit, dass die katholische Kirche einen Niedergang erleben wird. Tatsächlich sieht es momentan so aus, als würde nach zweitausend Jahren Geschichte zunächst ein Schlussstrich gezogen, was dann auch das (vorläufige) Ende der christlichen Orden bedeutet. Hier an dieser Stelle spricht der Seher ganz lapidar davon, dass zumindest der Orden der Franziskaner neu aufleben wird. Den Grund, warum er diesen für das Weltgeschehen eher peripher anmutenden Umstand erwähnt, habe ich Ihnen schon genannt: Nostradamus war den »armen Brüdern«, das heißt den Franziskanern, persönlich eng verbunden.

»Eintreten werden Zugehörige des Ordens der römischen Bescheidenheit.«

Treffender kann man die wahren Brüder des Franz von Assisi nicht beschreiben. Es gibt aber auch eine weitere Möglichkeit, die ich an dieser Stelle nicht unerwähnt lassen kann. Vielleicht ist die Entwicklung des Franziskaner-Ordens ja doch nicht so unwichtig für den kommenden Weltenlauf. Es liegt durchaus im Bereich des Denkbaren, dass sich jene Bereiche von Forschung und Wissenschaft, die das menschliche Leben, seine Dauer, die menschliche Gesundheit und die Erforschung der Gesetze des Universums betreffen, in der Hand der Franziskaner befinden werden. Diese werden ihren Sitz dann allerdings nicht in Europa haben, sondern in China! Chinesische Franziskaner – warum nicht!

Leber und Galle sind für frühzeitiges Altern verantwortlich

Nostradamus setzt nun die Beschreibung des Weges fort, welcher der Menschheit ein langes Leben ermöglichen wird, das 350 und 450 Jahre währt.

> »Am Ort der Lichtung der Zellen sie sich vereinigen. Durch die fünf Leben man trifft eine große Flüssigkeit. Im Öl der Galle das Öl des neuen Schlüssels versteckt ist. Es wird isoliert. Ihre Wohltat dem Problemorgan zugeführt wird. Es sind die Knoten des Stumpfs, die für lange Zeit bearbeitet sind.«

Es geht hier zum einen um die fünf Löcher der Haut, die hier als die »fünf Leben« bezeichnet werden, und zum anderen um die Galle, also um jenen Ort, an dem der entscheidende Fehler in unseren Zellen entstanden ist.

> »Die Wirkung ist, dass sie den Tempel gewaltsam öffnen. Es ist das große Salzige. Eine wird verlassen die chemische Verbindung der Dreiheit. Alle ihre Wirkungen werden hervorragend sein, vor allem am Ort des Grünlichen, der vom Schorf befallen ist.«

Wir können heute nur feststellen, dass die künftige Erforschung der Galle, der Gallenflüssigkeit und der Orte, an der die Gallenflüssigkeit gebildet wird, wohl nur dann erfolgreich sein wird, wenn man die flüchtige Substanz isolieren und bestimmen kann:

»Ein Element von nobler Gesellschaft und Doppeltreffer. Zehn Bestandteile werden sie vernichten und verfolgen. Die versprengten Bestandteile dem goldenen Schwur hinzufügen. Junge Alte aufteilen in Angst Geborene.«

Wenn niemand stirbt, wird es eng auf der Erde
Es ist heute noch nicht möglich, die wissenschaftliche Großtat des 21. Jahrhunderts zu erklären, die das bewirkt, worum es hier geht: das uns, die wir an Jahren bestenfalls eine hohe zweistellige Lebenserwartung haben, unendlich vorkommende Leben über mehrere Jahrhunderte hinweg. Bei aller Freude, die einen bei dieser Vorstellung überkommen mag, sollten wir nicht übersehen, dass Nostradamus mehrfach darauf hinweist, welche gravierenden Probleme diese lange Lebenszeit zur Folge haben kann.

Wie gesagt, die Menschen werden plötzlich alt, sehr alt. Wir müssen von zwei-, drei-, vierhundert Jahren und mehr ausgehen! Was das bedeuten wird, haben wir ja schon in früheren Kapiteln anhand einiger Beispiele durchgespielt. Lehnen wir uns aber ruhig noch einmal kurz zurück und malen uns ein solches Leben aus!

Wir werden vielleicht unserem Urahn begegnen, der vor 350 Jahren geboren wurde. Oder wir treffen einen Nachfahren, der 350 Jahre jünger ist als wir. Sie hätten gern eine große Verwandtschaft? Dann wären Sie in diesem Zeitalter richtig! Doch, wie eingangs schon erwähnt, das alles ist nur die eine, die gute Seite der Medaille, und Nostradamus lenkt unseren Blick auch auf die weniger erfreulichen Folgen des Fortschritts, Stichwort »Überbevölkerung«! Denn wie viele Menschen werden auf der Erde leben, wenn für lange Zeit niemand mehr stirbt! Außerdem wird das Sterben bzw. Nicht-Sterben-Können zum Problem werden …

An anderer Stelle beschreibt Nostradamus die Situation der Langlebenden. Irgendwo jenseits der vierhundert Lebensjahre gelangen sie offenbar an einen Punkt, von dem ab sie nicht mehr leben wollen. Aber sterben können sie auch nicht. Schon die Bibel erwähnt dieses Problem. »Selig sind die Toten«, heißt es in der Offenbarung des Johannes (14,13), wenn auch vordergründig in anderem Kontext. Man sollte diesen Vers vielleicht etwas abändern: »Selig sind diejenigen, die sterben konnten, denn ihrer ist das Himmelreich.«

Mit nur sechs Wörtern skizziert Nostradamus hier das Hauptproblem des Zeitalters der Langlebenden:

»Junge Alte aufteilen in Angst Geborene.«

Tatsächlich beschreibt Nostradamus an dieser Stelle eine Welt, in der man für ein Neugeborenes nach einiger Zeit einen »Lebensplatz« suchen muss, wo es dann vierhundert Jahre und länger leben kann. Im ersten der 25 Abschnitte hatten wir darüber ja schon einiges erfahren. Aus unserem heutigen Verständnis heraus müssen wir es so formulieren: Die Lebensplätze werden den Langlebenden zugeteilt, und zwar nicht nur auf dieser Erde, sondern zum Beispiel auch auf dem Mars oder auf welchem anderen dann bewohnbaren Planeten auch immer: Lassen Sie Ihrer Phantasie freien Lauf, liebe Leserinnen und Leser!

»Die Bohrung ist der Schlüssel zum Adler. Nadel, niemals wird es ein größeres Stechen geben. Große Niederlage. Besiegte vereinigen sich. Abgrenzung wird hinzugefügt.«

Auf den ersten Blick ist nicht zu verstehen, was Nostradamus an dieser Stelle gesehen hat. Aber bedenken Sie, dass es eine Übergangsperiode geben wird zwischen der Zeit, in der noch die nicht »korrigiert« geborenen Zellträger (also wir) dominieren, und jener Zeit, in der die Langlebenden die Überzahl erlangen. In dieser Übergangsperiode wird man die Lebensprozesse durch Injektionen entsprechend beeinflussen und auf diese Weise den im frühen 21. Jahrhundert geborenen Kindern immerhin schon ein Lebensalter von 150 oder vielleicht sogar 200 Jahren ermöglichen können.

Abschnitt 25 von 25 für den Zeitraum von 2000 bis 2099

Ungeheuerliches verkündet Nostradamus für unsere unmittelbare Zukunft.
Hier der reine Text:

»Dem großen eingekreisten Esel Spott über den Pomp. Die Orte leben auf sehr niedrigem Niveau. Getötet die Länder von der Goldrinne.
Des Nachfolgers Schwester wird dies ahnden. Zeit seines Esels. Den Feinden die Feinde den Glauben versprechen. Es ist derjenige, der später erfolgreich gejagt wird. Sie werden durch vergangene Thesen im Kochkessel vereinigt.
Unter dem Anschein von Rache wird er von dem Reich

Besitz ergreifen. Besetzt wird die Regierung dort unter dem Schatten der Rache regieren. Sie wird sich nicht halten können. Die Gefangenen werden zurückgehalten. Seine Anhänger werden auf seine Täuschungen hören. Durch diejenigen vom Thron erfolgen Angriffe. Stiche. Künstliche Handhabung. Getötet die Naiven. Massaker, Geiseln, sein Blut stirbt schmachvoll. Prinzen als Erste tot, der Rest verbrannt.

Das Eigentum wird verstaatlicht, die Gegner verjagt. Und zu Bezirken schließen sie sich zusammen. Lange Zeit das Land der Schafe halten wird zum Ranzigen. Verdammt die Übrigen, unterhalten zu werden.«

Im letzten der 25 Textblöcke für das 21. Jahrhundert geht es noch einmal um den Reichtum der Arabischen Halbinsel, der aus dem Fluss des Öls resultiert. Nostradamus beschreibt die Situation so, wie wir sie heute kennen. Auf der einen Seite sieht man ungeheuren Pomp und Prachtbauten mitten in der Wüste und wenige Kilometer weiter schon die bittere Armut der Nichtprivilegierten. Es ist die Zeit der inneren Auseinandersetzungen im Islam, und es geht wohl darum, dass sich auch die umliegenden Länder, die über kein Öl verfügen, über diese Geldverschwendung empören. Nostradamus schreibt in diesem Zusammenhang für unsere Zeit:

»Dem großen eingekreisten Esel Spott über den Pomp. Die Orte leben auf sehr niedrigem Niveau. Getötet die Länder von der Goldrinne.«

Den ständigen Fluss des Erdöls bezeichnet Nostradamus hier als »Goldrinne« und prophezeit weiter, dass diese Länder zerstört werden:

»Des Nachfolgers Schwester wird dies ahnden. Zeit seines Esels. Den Feinden die Feinde den Glauben versprechen. Es ist derjenige, der später erfolgreich gejagt wird. Sie werden durch vergangene Thesen im Kochkessel vereinigt.«

Der Islam zerfleischt sich wegen des Erdöls

Welche Vorgänge Nostradamus hier sieht, können wir noch nicht genau sagen. Auf jeden Fall aber wird der Kampf um das Erdöl innerhalb des Islam noch weitergeführt. Es wird Sieger und Besiegte geben, und wer gerade noch Sieger war, wird wieder fortgejagt werden. Wer oben ist, zwingt dem Unterlegenen seinen Glauben auf, und kaum ist dies geschehen, da geht es auch schon wieder in die umgekehrte Richtung. Um dies zu verstehen, sollten wir uns noch einmal die Spaltung des Islam in zwei Glaubensrichtungen, in Sunniten (80 %) und Schiiten (20 %), vor Augen halten. Offenbar sind es diese beiden Gruppen, die sich gegenseitig bekriegen. Und aus ebendiesem Grund gebraucht Nostradamus auch das Wort »Rache«:

>»Unter dem Anschein von Rache wird er von dem Reich Besitz ergreifen. Besetzt wird die Regierung dort unter dem Schatten der Rache regieren. Sie wird sich nicht halten können. Die Gefangenen werden zurückgehalten.«

Wir lesen hier bei Nostradamus von Dingen, die so speziell sind, dass sie sich zumindest von unserer heutigen Warte aus nicht im Voraus interpretieren lassen. Es gibt aber sicher Gründe dafür, dass Nostradamus diese Details aufführt. Denkbar wäre zum Beispiel, dass er vorausgesehen hat, dass seine Prophezeiung später einmal auch von den Moslems aufmerksam gelesen wird.

»Seine Anhänger werden auf seine Täuschungen hören. Durch diejenigen vom Thron erfolgen Angriffe. Stiche. Künstliche Handhabung. Getötet die Naiven. Massaker, Geiseln, sein Blut stirbt schmachvoll. Prinzen als Erste tot, der Rest verbrannt.«

Was wir hier lesen, ist uns nicht mehr neu, aber in solcher Dramatik hat Nostradamus es bislang nicht geschildert, wenn er an anderen Stellen schrieb, dass er für die Staaten am Persischen Golf auf der Seite der Arabischen Halbinsel viele Grausamkeiten voraussieht.

»Das Eigentum wird verstaatlicht, die Gegner verjagt. Und zu Bezirken schließen sie sich zusammen. Lange Zeit das Land der Schafe halten wird zum Ranzigen. Verdammt die Übrigen, unterhalten zu werden.«

Auch der Schluss des 25. Abschnitts bleibt für uns dunkel. Wir können höchstens Strukturen erkennen: Wovon wir hier hören, sind die üblichen Maßnahmen einer Rebellenregierung oder eines Revolutionärs. Man siegt bzw. gewinnt die Oberhand, verstaatlicht den Besitz, um fortan allein über ihn zu verfügen, und führt eine Art Brot-und-Spiele-Versorgung für die Bevölkerung ein, die man als Druckmittel nutzen kann, um sich die Menschen gefügig zu halten …

So, liebe Leserinnen und Leser, das waren sie also nun, die zeitlich nicht geordneten Texte für das 21. Jahrhundert, gelesen in 25 Textblöcken, wie sie sich ergeben, wenn man die 100 Vierzeiler der X. Centurie untereinanderschreibt, sie auf vier gleiche Pakete zu je 25 Vierzeilern verteilt, sie nebeneinanderlegt und schließlich jede dieser entstandenen Zeilen für sich liest. Dieses Lesen nach Einzelzeilen ist natürlich auch der Grund dafür, dass ich seit 1985 immer von »Versen« spreche und nicht von »Vierzeilern«.

Der Ausblick auf das 21. Jahrhundert, wie Nostradamus es uns vorhersagt, ist somit abgeschlossen. Da sich das Schicksal unserer Welt damit aber noch lange nicht vollendet hat, liegen natürlich auch für die darauf folgende Zeit Prophezeiungen vor. Ich kann sie an dieser Stelle nicht mehr interpretieren, möchte Ihnen die Texte aber auch nicht vorenthalten. Wer einen Ausblick wagen will und durch dieses Buch ein wenig mit der Auslegung der Texte des Königs der Seher vertraut geworden ist, der möge sich selber als Interpret an ihnen versuchen!

4 Michel de Nostredame: König der Seher – Seher der Könige

Seine Worte zum 22. Jahrhundert (2100 bis 2199)

All meinen Leserinnen und Lesern möchte ich den Ausblick auf das 22. Jahrhundert nicht vorenthalten. Es folgen hier nun die reinen Textblöcke – ohne Interpretationen und Anmerkungen. Sind Sie womöglich ein wenig medial veranlagt, dann dürften diese Zeilen Ihnen bei Ihrer eigenen Zeitreise etwas helfen.

(Zum besseren Verständnis: Zwischen Anfang und Ende jedes der vier Pakete, die sich aus der dreifach gebrochenen Rute ergeben, wurde kein Punkt gesetzt, so dass jeder erkennen kann, wo der Text zusammengefügt wurde!)

1/25

Für lange Zeit wird im Weltraum das Geheimnis der Zeit des griechischen Feuers zu sehen sein Der sehr feindliche Tyrann wird nicht in die Falle gehen Von denen, die im Wasser leben, die dreifache Stadt wird gegründet Der Hingerichtete, der für lange Jahrhunderte versteckt war, wird gefunden Geschickt bereitet aus vier Ölen und vom dosierbaren Rohr dreifach zurückgekehrt Die Macht gewinnt derjenige, der die Meeresabteilung besitzt Einen wird es geben, der den Donnerstag zu seinem Festtag macht Es wird ein Hirte des Südens sein, der die Ehre haben wird Gehalten die Morgendämmerung – hundert von einem grünen Unnützen zuvor verzweigt werden

Die beiden Armeen durch die Bezeichnung des Jahres sich ankündigen werden Der Ton dröhnt, das Gesetz regiert, seine Macht wächst Derartige Auswirkung, dass die Kette des Mondes ihr großes Zeitalter beginnt Sterben wird bald das Große und eingeweiht das, was irrt Erscheinen wird der strahlende Herr ohne Einschränkung Über das Land und das Meer bei der Zehn im Orient ein Unwetter losbricht Durch andere Kräfte wird sie entehrt werden

2/25

Der große Monarch, welcher einberufen wird die Versammlung Zum Durchsetzen seines Aufenthaltes das Kriegsschiff des Weltraums die Macht besitzen wird Viele zuvor sehr große Umtriebe gemacht haben werden Neue Situation des Nachdenkens, bevor verurteilt wird Mit zwei Königen, die in Freundschaft vereinigt sind Die große Hilfe wird kommen gegen den Antiochier Diejenigen des Orients sprechen über die Tugend des Mondes Bittere Gesetze von zwei Königen des Weltraums erlassen werden, die gekommen sind, um das Ende zu belächeln O, welch Seufzer wird machen der große Handwerker Das schwarze Fell gekräuselt wird er mit Gewalt das Reich halten Im Jahr 1000 sieben Hundert wird die große Mitnahme gemacht Nach dem Sieg wird den Gefangenen Pardon gewährt Von den Jahren im Umkreis nicht eines gut sein wird, welch Mitleid Das Bärtige in der Luft wird sich schließlich drehen wie ein Spieß Das, was gerichtet wird, ist nahe – zuvor wird beinahe der Winkel acht zu dem, was im Weltraum ist, erreicht Hundert wieder aufsteigen und tausend Jahre große Entdeckungen machen

Der Herr, der das Volk der Unwissenheit zum Sieg geführt hat Ranziges wird in fünf Teile durch versäumten Überfall geteilt Zwanzig Jahre der Regierung des Mondes werden vorübergehen Im vierten Monat wird einer der Könige sich vor der Sonne erheben Weit vom Ton des Himmels sich befindet und eine fremde Sprache spricht Getötet, gejätet wird das Meiste durch die rasierten Wissenschaftler Der Löwe ist in seiner Stadt, sein Schiff man überfallen wird Siebentausend Jahre werden seine Herrschaft anders halten Das Blut bindet das »O«-Teil des Geländes vom Mars, um zu kämpfen Hundert durchdringen tausend – Hundert werden wieder beköpft und in die salzige These eingeweiht werden Nicht wird emporkommen die Gruppe – man spricht über die kommenden Wissenschaften Wenn die Sonne ihre Tage erschöpft hat Das »=«-Teil ermüdet am Himmel, der Osten ist mit seinem Öl versehen Der Herr flüchtet wissend in die maritime Scheune Die Ratsherren werden verdammt haben ihre nutzlosen Gesetze Dann vollendet ist der Maßstab meiner Prophezeiung Ein Adler, der um die Sonne herum fliegt und das sieht, wird ausgelassen sein

Dasjenige, was im Weltraum ist, die Seele nicht erhalten hat, um sich zu vollenden Getötet alle Bewohner auf der Insel des Krieges, die überlaufen Am Genfer See die Gleichgesinnten werden unzufrieden sein Dasjenige, das Leben wird und nicht haben wird irgendwelche Sinne Die süßen Reden im Rat werden das Leben zwischen den Lüften wollen Die Regierung ist gefolgt bis in die Nähe des Löwen Die Tage werden kürzer sein, dann Teil der Wochen Wird kommen, um zu lassen dem Tod seine Künstlichkeit Durch die Beruhigung des gefrorenen Tons der König in der Luft den Überblick erhält Was nicht besetzt ist, nichts Schmerzhaftes durch den Teil des beleidigten Wassers erfährt Dann die Monate, dann das Jahr Um ein Schleppnetz herum die Sache des Engels und seiner zwei Sinne Viele Gegner sich daraus ergeben – Blut wird gestellt in das Bett der Luft Getötet die Gefangenen bei einer Million durch einen tausendfachen Löwen, dann alles in Ohnmacht schwächer wird Das Graue ist vereist und wird großes Unheil verursachen

5/25

Derjenige, welcher die Verantwortung der Zerstörung tragen wird Der Turm des Meeres wird dreimal erobert und befreit Alles nach dem großen Thau vom östlichen Gold und Spiegel Für diejenigen des Tönernen weiße Nahrung aus dem Felsen sich Zeit lässt und die Sekten übertreten zu dem, was vor Asien gewesen ist Durch die spanischen Nüsse des Bärtigen und durch die Liga der Wildschweine Großes Feuer des Himmels in drei Nächten herabfallen wird Was für ein Missbrauch, ein Stern ist der Milchgebende Mehr zum Felsen des Irrtums als zum Leben übertreten – die Nacht wird über sie hereinbrechen Die Insel des Krieges ist der Dachs, verursacht durch diejenigen, die Pisa halten Deshalb wird hinzukommen bald Dummes und Spiegelndes In nutzlosem Tun man gewagt haben wird, es zu berühren Durch die verzierte goldene Sprache die Insel der asiatischen Rasse entsteht Ausgedehntes Feuer aus der Luft Plünderung der Zwiebel des Wildschweins Wohl ein wenig danach die Erde erschüttert wird Überhebliche Östliche werden haben vier tönerne Irrtümer

6/25

Zuvor wird das dreifache Moos erfunden, das Kinder benötigen Regen, Hunger, Krieg, der von Persien ausgeht, hören
nicht auf Im Bereich der Sekten große Züchtigung durch De-
nunzianten Der Weg lohnt sich im Jahr zwei – Gesetz des
Engels der Irrtümer für Reims und Nantes Vom heldenhaften
Blut zu Mönchen und Baufälligem Der zu feste Glaube verrät
den Monarchen Bestien im Theater dressiert für das bühnen-
mäßige Spiel Städte sind über den plötzlichen Wechsel verär-
gert Der dröhnende Ton wird durch die Sekte der Sprache
und die Macht des Tons erzeugt Man spricht über die Einwei-
hung, die in Gallien beginnt Infolge der antiken Tatsache un-
rühmliche Erfindungen Man spricht über den priesterlichen
Engel des Ostens, der alles regelt und der den Tempel erhalten
wird Das, von dem man sprechen wird, mächtig erhebt seine
linke Spitze Geheime Weissagung für ein östliches Schiff
Durch Sekten ist die Welt verwirrt und gespalten Sie haben
den Tempel der Kunst, der Erde und des Meeres erschüttert

7/25

An der Grenze zum Salzigen der Tyrann wird entmachtet Im
großen Gebirge vollenden sich die sieben Stadien In Kürze
werden zurückkommen Opferbringende, so dass die Schlangen kommen werden, um in der Luft zu kreisen Die Freiheit
sodann nicht wieder bedeckt wird Nach dem Frieden folgen
Krieg, Hunger, Ungehorsam Gegen das Kommende werden
Märtyrer gemacht Der neue Krieg wird durch den Wein ausgelöst und endet wieder Wird weite Teile erfassen – Missbrauch und große Widersprüche Dann wird es keine Mönche,
Äbte, keine Novizen geben Das Blut von vier Königen wird
vergossen – daher Verärgerung über die Spanier Durch sie
wird kommen in großer Zahl Hilfe aus der Luft Die Frau

wird durch die Macht der ehrenwerten Strahlenden eingesetzt
Selbst Altes und große Gründungen sind davon betroffen Der
Honig wird so teuer wie ein König werden Beim Lebendigen
versteckt Euch in den Meeren, in den ausgebluteten

8/25

Vier Kriege nahe der italienischen Berge es geben wird O,
welch schreckliche und üble Wende zuvor – was für einen
Zulauf der Wechsel der Herrschaft hat Durch den Missklang
und die Fahrlässigkeit der gallischen Leute Löwe und Hahn
sich nicht zu eng zusammenschließen Vom Ort der Angst der
eine den anderen verblüfft Drei unschuldige Könige, die man
zur Macht erheben wird Die Insel wird hinzukommen Wird
der Durchlass für Mohammed geöffnet – ein Fall besonderer
Großartigkeit, Gift ist verpönt – das Übel bewacht vier
Leuchtende Der Platz entwickelt sich durch den Stützpfeiler
des fein Zerriebenen Vom Blut getränkt die Erde und das
Meer den Streit anfängt Nur die hundert Sterne und die Ge-
flügelten wirken mäßigend ein Versetzt in Entsetzen durch
die beleidigten Henker Hingestellt, verwandelt unter dem
Feld des Nichtöligen, um es zu haben Der Hafen der ange-
häuften Masten, Segel und der bedeckten Schiffe

9/25

Unter Einem – der Frieden für alle fordern wird Der große
Freund, welchen ich durch Intuition sich nähern sehe Die
Zehn ist für denjenigen, der der Kopf geworden ist, im April
durch die gotische Tatsache Für vierzig Jahre das Vorgelesene
nicht zum Vorschein kommt Aber wenig später Plünderung
und Aufstand erfolgen werden Unter dieser Kraft dreht es
sich – dann wird entstehen das östliche Universelle Schätze
verbraucht die Stadt noch durch die schlauen Menschen Für

vierzig Jahre jeden Tag das Feuer sein wird Durch den Wiedergebrauch der Insel das Land und Meer verwundet wird So groß und so lang, dass man es herausreißen will Das Feuer des Ostens vereinigt sich teuflisch Das Land an den sarazenischen Kriegsruf glauben wird Tote und Gefangene an das Dreifache einer Million es geben wird Aus dem Wald der Wurzeln, von dem man zuvor nach dem Honig gefragt hat In dem es die Knochen der Getöteten sucht – die Dame ist zuvor enthaart Und große Sintfluten kommen werden, wenn die große Übersicht kommt

10/25

Die Zwei werden sich den äußeren Anschein des Menschlichen geben Derjenige, welcher sodann die Neuheiten besitzt Der Thron in der Stadt des Ostens wird in der Nacht angegriffen Beschnittene der östlichen Engel Freude über das in die Luft Geworfene Dies ist so geschehen, dass sie die Autoren des großen Streits sein werden Nach Einem, der kommen wird, um Atem zu holen Man flieht Nicht mehr weit der Streit des Meeres Am Ton des Hohen – Trog der Schwärmer Zions Bevor das Feuer des Himmels erfunden wird, werden sich die zwei duellieren Der Fischteich ist nicht der Berg des Krieges, und Zwei erstrahlen Mitgenommen wird die Freude zurückkehren Söhne der Inseln der Zwietracht Krankheit, Hunger, Tod durch die Hand der tausend Betten des Weltalls Gegen das, was zur linken Hand ist, die größte körperliche Pein sein wird Graues und Zeit des Ostens sie verursachen werden unterschwellig Schlimmes Fische und Verträge versteckt in den zwei Betten Das Jahrhundert nähert sich dem Umbruch

Für die Gewässer dreifache Kraft durch die Sonde, die vom Land kommt Kinder ohne Hände, niemals wollen sie ein größeres Fass Die Täuschung erfolgt durch Fälschen des verborgenen Öls Krieg uns droht durch die schöne Liga Eine große Gruppe wird flachgeschlagen von den Engeln, die man besitzt Gegen die Gallier wird der strahlende Berg erbaut Zur Zerschlagung der Macht des Schwefels Gemahlenes für den Krieg hergestellt wird Ägyptische Geschichte erstrahlt, man möchte sie verfeinern Durch das Geworfene wird die Geistlichkeit zerstört Das königliche Kind beim Spiel den Osten verletzt haben wird Zeit von Byzanz, in der ein Wechsel zu anderen Gesetzen erfolgt Siebzigmal wird das Blut vergossen Wenn das scheußliche Ungeheuer geboren wird nahe des Goldes Drei in Ketten in der Mitte aufgeputzt werden Ein Erlass wird verändert, bevor die Münzen ungesetzlich werden Und viele der Führer werden es nicht zur Kenntnis nehmen wollen

Alle diejenigen der Insel der Glaubensabtrünnigen werden in vier Jahren zu eingesalzenen Seelen Des Nachts hat man die Sonne – ausgedacht hat man das Feuer In der Nacht im Bett des Höchsten erwürgt der östliche Engel Von den versklavten Menschen werden Lieder gesungen und Bittschriften erstellt Dem Tode preisgegeben alle diejenigen der wahren Gesetze und der Wissenschaften Wenn aus dem Schwein halbe Menschen gemacht wurden Weil man sich hat zu viel erholt, die Hellen erheben sich Gefangen durch die Prinzen sind die Herren der Gefängnisse Die Regierung des Hofes des Meeres wird kommen – bald große Verschleierung stattfinden wird Dröhnendes Singen, Kampf am Himmel besiegen die Übersicht Durch drei Reiche ausgeschlossen vom Schlüssel Das, was sich ereignen wird durch Idioten ohne Hoden Wenn die Spanier alle Adern öffnen werden Und einfache Tiere man im Weltraum anbetet Die Garde wird getötet, und das Bündel wird nicht am Ort sein Werden sie erhalten durch die göttliche Grabrede

13/25

Das göttliche Leid übernehmen wird der große Prinz Die Blumen gibt es nicht mehr, die Welt ist kleiner geworden Die Sonnenflügel und der Adler zum Sieger werden durch den König, der erscheinen wird Das Geschlecht der Inseln erscheint mit innerem Hass Ein wenig davor wird erscheinen die verheiratete Frau Lange Zeit der Frieden die Länder nicht bewohnen wird Die Antwort ist nutzlos für die Besiegten, die man zu Beisitzern macht Im Weltraum hat man Strahlendes hergestellt – dort befindet sich der Bestandteil Gottes Ihre Ohnmacht und ihr Kredit werden auf einen Schlag gemindert Aufmarsch erfolgt – Zeit des Himmels, der Erde, des Meeres und der Welt Aus Barmherzigkeit keine Schreie Geharnischter, die man nicht gefangen nimmt Im Geheimen hat man sich getroffen und spricht über die tausend wissenschaftlichen Erkenntnisse Der Rat wird sterben wegen der rasierten Köpfe Dann das Neue die Kriege hervorruft Die Sieger bestimmen den Frieden durch die totale Beendigung zur selben Stunde Und über die alten Wissenschaften, gegen die sie sich erhoben haben

14/25

Indem sie Streit suchen, haben sie getötet das Zentrum der Erde Der große Verlust wird eintreten – überdrüssig wegen des Weltraums macht man Verträge Etwas vorher werden die

Sonnenflügel die Wissenschaften untergraben In vier Jahren
wird man von den Beschnittenen sagen können: Falsch – roh –
unbearbeitet – zerbrechlich Zeit der Erschütterungen im Umkreis der neuen Stadt Zuvor am Himmel dort die Tatsachen
eintreten werden Der Streit steht bevor, das große Volk ist voller Zweifel Aus der Tiefe zur Höhe erhoben zwei mit der Lüge
Vertraute Zwei große Felsen für lange Zeit Krieg führen Großes Unglück kommen wird – viele lassen ihr Zepter zurück Für
eine Vereinigung zur Liga der Häfen die Meereswissenschaft-
ler keine Antwort geben werden Dann umgehend Ungesetz-
liches und die Plünderung Bis die Macht des Einsperrens gebraucht wird, rötet sich die neue Blume So dass man für ein
Jahrhundert nichts wird wieder herstellen können Der gute
Kopf ist verschwunden an zwei unbekannte Orte Fünf Führer
des Weltraums nicht werden regieren können

15/25

Die große Königin wird erstehen, wenn sich der Sieg einstellt
Die öffentliche Liga wird in den Weltraum versetzt, um verletzt zu werden Zu spät wird sich der Monarch aufmachen,
um zu betreuen Die Steuerung der Sinne des Herzens, der
Füße und Hände wird in Einklang gebracht mit den Pfropflö-
chern, die man dort mit sehr feinen Härchen versieht Zeit der
Exzesse des männlichen Mutes Der Fall wird eintreten, dass
der Kopf des neuen Rates getötet wird Weil er nicht getötet
hat seinen Widersacher in der Luft Schwerter des Feuers –
Wasser bei Zehn Auf dem Pferd reiten ganz nackte Blumen
vorüber Ihre große Anhäufung von Verbannten und übel
Verhexten Aber er wird bald wiederkommen durch die Zu-
stimmung der großen Höhe – Keine Macht bei Zehn – verletzt die Römer Es folgen im Weltraum aus Stolz verursachte
Beleidigungen Zeit des Angstschweißes, entzückt über ihren

großen Vertrag werden sie sein Damit alle seines Blutes durch
den Tod in die Luft versetzt werden Von oben herab getötet
– Tod durch die schwachen Gehirne

16/25

Man spricht über die Antwort des Kopfes der Seelen, die den
König erschüttern Ein zweifacher Krieg wird entstehen bei
Italien Der junge Löwe den alten überragt Schlangen werden
übertragen in den Käfig des Weltraums Die Botschafter haben
ihr Leben verachtet Welche die Macht des Reiches verteuern
und töten wird Auf dem Feld der schönen Liga durch einfache Zweikämpfe Wo die 17 Kinder des Königs gefangen sind
Das Große seine Kriege gegen den Weltraum verdoppelt Man
spricht mit einigen Menschen der Inseln und demonstriert Innerhalb von vier Jahren im goldenen Käfig werden ihm die
Augen zerbrochen Die Alten und die Väter werden nicht verlassen haben diejenigen des Weltraums Durch die Zwei vollendet sich das Sterben – betrunken vor Hass sind die Feinde
So dass man immer weniger Hell statt Mäuler finden wird
Zwei Gruppen, eine dann stirbt den unmenschlichen Tod Altes wird sterben angesichts der Früchte Tod und Schreie

17/25

Das eine Unbekannte bei der Zwei sich in der Finsternis vollendet Die Verbannten werden auf die Inseln verbracht Die
Gesetze des fliegenden Geraubten Wasser gehen nach dem
Osten Aus dem Orient wird die Regierung der zwei Vereinigten kommen Sein Irrtum geht vorüber in den Farben des den
Irrtum Schaffenden. Beim Wechsel zu einem sehr entsetz-
lichen Monarchen Bevor der Streit bei den Ranzigen als Tatsache erscheint Kaufen wird die lachende Hast das gehortete
Erbe Roms Das große Versteck für lange Zeit unter den Dun-

kelheiten sein wird Werden sie ermordet und versetzt, um zu besitzen das Schimmern der Sterne Das eine Gute wird genommen, das andere zweifach, weil links Begleitet von der Gruppe der Libyschen Wird den Weltraum erobern in dem Spiel der Wissenschaftler Wer davon spricht, nicht wird vor Gericht für sie auftreten können Ein Teil des Glaubens ist verletzt, wird beherrscht durch den guten Trog des Irrtums Die Zeit des Honigs wieder einsetzt nahe der Inseln der Flucht

18/25

Die fremden Menschen werden teilen die Kriegsbeute Eingeschnitten der Bauch wird etwas mit zwei Köpfen gebären Nahe einer großen Brücke der spartanischen Ebene Wie viele Male wird die Sonnenstadt genommen und wieder besetzt Der Umlauf des Mars bewacht wieder sein Furioses Und vier Arme, die einige Jahre ungeteilt leben werden Der große Löwe durch die Kraft dieser Sarazenen entstehen wird Bevor es zum Wechseln zu den barbarischen Gesetzen und Begabungen kommt Schreckliche Fremde – auf dem Rücken von hundert Jahren die Zeit der Wissenschaften Am Tag, an welchem Elf des Gesetzes feiern werden ihre Feste Zeit der Niederwerfung außerhalb der unerbittlichen Stadt Dein Unglück nähert sich, vieles wird der Raumfahrt geopfert Griechisches, welches zu Kuriosem zerrieben wird Knöchrig, tot, es ist das Schüreisen – Luftmangel wird folgen Erscheint der König der Häfen, wird er bedrängt werden Das Große – die Eile lacht und verdeckt wieder deine Begabungen

19/25

Wenn die Krägen aus Holz erfunden werden, erfolgen große Erschütterungen Durch großen Streit der Sturm ausgelöst

wird Das große Reich wird bald woanders hin verschoben
Spät kommt es zur Ausführung des göttlichen Willens Gleich
lange Kriege zum Sieg führen im Untergrund das Rotreiche
Begleitet vom Brechen des aufgerichteten Kopfes am Himmel
An einen kleinen Ort, welcher wohl bald zum großen Wachs-
tum kommen wird Die Kraft ist gegen die Raumfahrt gerich-
tet – Verträge werden dem Ofen übergeben Lange Brände im
Weltraum, bis der große Zusammenschluss stattfindet Die
Münder der Engel zuvor in dem Blut baden werden Der Ort
wird wohl der Kleinste sein, zu klein, um gezählt zu werden
Die vierzehn Verschwörer der Feuersekte Erschütterungen
im Weltall, das Leben wird geboren in den Ländern mit den
gleich vielen Reichtümern Im Öl das Angesicht Gesalbter von
Milch und Honig Wo in die Mitte sein Zepter gestellt wird
Durch die Raumfahrt, wo das Geheimnis ist, heilt das Wasser
diejenigen, die sich dazwischen befinden

20/25

Die neue Fahne der Unmenschlichkeit wird teilweise aufge-
pflanzt Von Urteilsvermögen und Ratschlägen sind sie getrennt Ihr werdet machen früher und später große Veränderungen der Luft Innerhalb von vier Jahren die Gallier harten
Krieg haben werden Wegen des Öls der Erde das Ärgernis
wird sein auseinandergerissen Ihr Ausstieg wird bei der Ab-
reise getrennt erfolgen Äußerste Entsetzlichkeiten und Sühne
Wo sich das Gitterwerk der Regierung der hundert Sterne befindet, dort man eine Monarchie schafft. Wegen zu vieler Füße
der Bequemlichkeit werden sie Bankrott gehen Kopf nicht
T – hurra ist gleich A zweifach D Wenn der Mond zum Sieg
geführt wird durch seine Engel Zweifelhafte Siege durch vier
große Könige, die gekrönt werden Der Osten wird den Druck
ausgelöst haben Tausend Schätze, die verbannt sind, ins Qua-

drat gesetzt Der Himmel nähert sich der Neigung Adler, Hahn, Mond, Löwe, Sonne sind davon betroffen Den entgegengesetzten Weg als die Gallier geht er, wo die Raumfahrt ist

21/25

In sechs Jahrhunderten wird die Luft in himmlischer Pracht sein Unter dem gegensätzlichen babylonischen Klima Das in der Fremde Geborene spricht vom Turm des Verstandes der Meereswissenschaften Getrieben werden sie sein, um in der Raumfahrt einen langen Kampf zu führen Es wird zu einer gewaltigen Wende in der Burg, die man bauen wird, kommen Großes wird sein ohne Blutvergießen Zugang wird möglich In den Ländern wird es einen sehr bedeutsamen Streik geben Dann werden geboren Ungeheuer von einer sehr bestialischen Scheußlichkeit Für das Land und das Meer die Luft und der Himmel werden sein äußerst ungerecht Zeit des unbekannten Hafens ist nahe Um des Geworfenen willen man wird die ganz große Debatte verlassen haben Mars, April, Mai, Juni großer Karpfen und große Ratte Sekten, Hunger, Regierungen, Krankheiten, Verwirrung Keine Beachtung wird dem Zeichen des schwimmhäutigen Zweiges geschenkt Gerippe – Das gute Schiff wird sein Herz erprobt haben

22/25

Das Geld des östlichen Bazars ist dem Gram preisgegeben Zwei Revolten werden vom Übel des leichten Krieges ausgehen Wenn das Gift der Erde sich im östlichen Wasser befindet Durch das Universum wird ein Königreich errichtet Gefühlsausbrüche durch die Gesetze, Querelen und Vorrechte Diese Regierung für ein Jahrhundert große Veränderungen verursacht Durch die vage Macht der Kies wird bereitgestellt

Welches den Frieden bringt, und das Leben benötigt für lange nicht mehr die Lüge Wenn Lanzen gebrochen werden, das Land wird sich der Zerstörung aussetzen Das bewegliche Zeichen hat geläutet – das Recht befindet sich sehr im Krieg Seine fremde Form lieblich und schrecklich Infolgedessen das Ärgerliche des harten Schiffes sich verlieren wird Wiedererneuerung des Weltraums der kraftlosen Thau-Stadt Zu den zwei Gleichen die Verbindungen Über das Meer an die Mauern sehr bald die Feinde kommen Die Verwaltung davon wird in sehr großen Nachteil geraten

23/25

Von einem alten Herren die Kunst der abgestumpften Sinne wird erfunden Überdrüssig macht man dem großen Volk Sorgen Der Turm des Bocks wird glauben an gerechte Barbaren Wenn die Dreier-Liga alles beendet, wird die Stadt des Löwen weggeschüttet Verkümmert zuvor werden sein Teile des Wissens und Teile der Waffen Und das heilige Gesetz ist völlig zerstört Für eine lange Zeit nach dem spanischen Boot Und sie werden sich Zutritt verschaffen mit ihren Lügen – das Wasser ist zehnfach versteckt Der Herr von Frankreich wird sich vor seiner Schwester sehr fürchten Durch andere Gesetze alles unchristlich wird Kranke Flügel der beweglichen Menschen alle beide im Weltraum haben werden großen Mangel Die Öffentlichkeit wird durch das Neue geärgert Auf dem Feld Geteiltes gesteht den Menschen Waffen zu Wenn das Gold, das Silber von Neuem zu unterwandern beginnt Die Zeit als Radius gebrauche und die Eins befreie, welch tödlicher Stachel Dann Weißes und Rotes richten wird – die Raumfahrt wird haben das Universum

Zwischen zwei Meeren erbaut wird die Förderung Die zwei
Bösen des Skorpions vereinigen sich Unterhalb der Kette Befindliches ruft die Führer des Himmels zurück Hat man die
reinigenden Herstellungsverfahren in der Hand, wird es in
das Wasser der tausend verzweigten Orte geleitet Bis sie dann
sterben wird durch den Tod des Pferdes Der große Herr wird
in dem Saal ermordet Unweit von da ist der Schatz versteckt
Von der Welle wird die Insel zerrieben – das Ufer genauso wie
der Sockel Die Wissenschaften des Neptun werden zusam-
menfalten das schwarze Segel Die Krankheit der Kirche durch
den neuen König verursacht wird Was für ein langes Jahrhundert wird traubenreich sein Eine Angst, und der Glauben
spricht von dem, was fehlt Zwei Tore werden gebaut – hundert verlassen die Nähe des rosa Pferdes Niedergang Europas,
Nord- und Südeuropa Erfunden wird das Sterbeöl, zerbrochen die Zuständigkeit Die Herrlichkeit Gottes – Das Göttliche ist nahe, um sich niederzulassen.

Von einem menschenscheuen Namen und für den Krieg wird
er sein Der Herr der Rückständigen im Glück und Unglück
Das Große wird getötet, wo die Stunde stattfindet, die einen
Tag dauert Osten verhilft zuvor vier zum Sieg – Geheimnisse
erforscht man Das, was die vier Könige verschlossen haben,
wird als verhängnisvoller Name erscheinen Ewiger Gott, welche Veränderungen Das Böse ist vorhergesagt dem Träger des
in den Weltraum Gestellten Allein zurückgelassen dasjenige,
was in der Raumfahrt ist, erforscht man Dann wird das Volk
durch die Sprache groß und über Tatsachen sprechen Für ein
langes Jahrhundert seine ausgekochte Zeit zurückkehrt In der
nachfolgenden Vorhersage fällt die Stunde der Nacht Die

Lampe erlischt, weil sie das Bett der Sonne des Deutschen verlässt Mehr als Null werden brüllend erscheinen, um wieder zu benennen In Gallien und Italien was für Bestürzung Streit bei Reims, dort man stark an der etruskischen Krankheit des Weltraums leidet Die Tatsache entwickelt sich, die nicht hundert ergibt – der König ist wieder nutzlos.

5 Die »Notfallapotheke« des Nostradamus für insgesamt 2242 Jahre

Was kaum jemand weiß: Nostradamus hat der Menschheit eine »Notfallapotheke« für jene Jahre hinterlassen, in denen die Menschen keinen Zugang zu Arzneimitteln haben werden! Im selben Jahr (1555), in dem er erstmals seine Prophezeiungen veröffentlichte, erschienen im Herbst die »Rezepte« des Nostradamus, die sich erst bei näherem Hinsehen als Anweisungen für die Herstellung von Notfallmedikamenten entpuppen.

Seit Jahrhunderten hat man seine Rezepte stattdessen als eine Art »Kochbuch« verstanden, also als Anleitungen zur Herstellung bestimmter Speisen. Das war jedoch ein großer Irrtum! Bei dem, was er als »Kochrezepte« getarnt hat, handelt es sich um nicht weniger als jene Informationen, die so mancher in der Zukunft noch zum nackten Überleben brauchen wird! Denn was sollen die Überlebenden der Katastrophe, von der wir in diesem Buch gelesen haben, bloß machen, wenn ihnen über Jahrzehnte keine fertigen Arzneimittel mehr zur Verfügung stehen werden? Nostradamus gibt ihnen in Form seiner Rezepte eine Hilfestellung mit auf den Weg.

In dem Buch »Les Prophéties« (erstmals erschienen 1555) beschreibt Nostradamus die für die Menschen von Not und Gefahr geprägten Zeiten der Jahre von 1555 bis 3798 n. Chr. Es wäre grundfalsch, würden wir annehmen, dass nur unsere Generation solchem Leid ausgesetzt sein wird. Die Wahrheit sieht ganz anders aus: Alles wird sich bis zum Ende des Prophezeiungszeitraums mehrfach wiederholen. Die schlimmsten Nöte der Zukunft lassen sich mit folgenden Überschriften zusammenfassen:

- Gefahr durch Hunger und Durst
- Gefahr durch Krankheiten
- Gefahr durch Zeugungsunfähigkeit
- Gefahr durch vergiftetes Wasser

Sein Buch »Die Rezepte« hat Nostradamus nicht zufällig im selben Jahr wie die ersten Vierzeiler seiner Prophezeiungen veröffentlicht. Für ihn war es nur die logische Konsequenz aus dem, was ihn seine Gabe hatte sehen lassen. Als Arzt hat er natürlich in seinem umfassenden mittelalterlichen Wissen nach Lösungen für die in Zukunft anstehenden Probleme gesucht, und diese wollte er den Menschen als Ratschläge hinterlassen. Es sind dies:

- Ratschläge, wie man überlebt
- Ratschläge, wie man es durchsteht
- Ratschläge, wie man selbst Arzneien herstellt

Unter letzterem Punkt schlägt Nostradamus teils stark toxische Substanzen vor, um die Probleme zu lösen. So verwendet er zum Beispiel Arsen und Quecksilber, um Infektionen der Haut zu bekämpfen. Das geht heutzutage natürlich nicht und ist zum Glück auch nicht erforderlich, denn wir sind heute in der Lage, die meisten toxischen Substanzen durch moderne Arzneimittel zu ersetzen. Dennoch wird in der Zukunft eine

Zeit kommen, in der von der Medizin der Jetztzeit nicht mehr viel übrig geblieben sein wird, weil die Produktionsmöglichkeiten fehlen, und dann wird man sich schleunigst rückbesinnen müssen auf das, was vor unserer Zeit einmal Hilfe leisten konnte. So wird man Nostradamus noch dankbar sein für diese »Notfallapotheke«! Wir selbst sollten uns daher rechtzeitig mit den kommenden Problemen auseinandersetzen und uns entsprechend bevorraten. Denken wir zum Beispiel über ein Grundübel der anstehenden Notzeiten nach: Was tun wir in Zeiten akuten Wassermangels, was bedeutet das für unser Leben? Hier einige Punkte:

- Wir können uns nicht täglich waschen.
- Wir können unsere Wäsche nicht waschen.
- Was tun, um der Zahnfäule vorzubeugen?
- Was tun bei Entzündungen, Eiter, Schmerzen?
- Gibt es Mittel, um die Zeugungsorgane zu stärken?

Ohne Zugang zu sauberem Wasser ist ein Leben in Gesundheit nicht möglich. Die hauptsächlichen Erkrankungen und Problembereiche werden vermutlich folgende sein:

- Hautausschläge
- Entzündungen im Mund
- Magen und Darm
- Leber
- Herz
- Nieren

Bevor wir uns den Ratschlägen des Sehers zuwenden, zunächst ein kleiner Überblick über die Mittel, die uns heute zur Verfügung stehen und die wir in der Apotheke oder auf dem Markt bekommen können:

Haut: Salbenzubereitungen, zum Beispiel teerhaltige
Mund: Salmiakpastillen
Magen: Ingwer
Darm: Achtung, Mittel gegen Erreger sind heutzutage
         rezeptpflichtig!
Leber: Vitamine und Leberschutzpräparate
Niere: Diuretika wie Tee, bis hin zu rezeptpflichtigen
         Tabletten

Doch wie sollen wir ohne Wasser unseren Körper und die Kleider reinigen?

Nostradamus schlägt Rosenwasser und Rosenpulver vor. Wir sollten noch in unserer Zeit jedoch auch an Desinfektionsmittel denken, die verträglicher sind!

Kommen wir nun aber zu Mitteln, welche die Natur uns zur Verfügung stellt und die Wirkstoffe enthalten, die bei den anstehenden Problemen hilfreich sind; welche Früchte eignen sich zum Beispiel für die »Notfallapotheke«?

Orangen, Zitronen   Wachsen nicht in unseren Breiten
Feigen, Muskatnüsse   Wachsen nicht in unseren Breiten
Ingwer   Wachsen nicht in unseren Breiten

Sauerkirschen	Wachsen/Gibt es in unseren Breiten
Wallendistelwurzel	Wachsen/Gibt es in unseren Breiten
Mandeln	Wachsen/Gibt es in unseren Breiten
Lattiche	Wachsen/Gibt es in unseren Breiten
Kürbis	Wachsen/Gibt es in unseren Breiten
Zucker, Honig	Wachsen/Gibt es in unseren Breiten
Rosen, Lavendel	Wachsen/Gibt es in unseren Breiten

Nostradamus griff im ausgehenden Mittelalter, wie gesagt, auf »heftigere« Substanzen zurück; hier eine Liste der Stoffe, die er für kommende Generationen notierte:

Pech, Teer, Pottasche	Zugänglich
Arsen, Blei, Quecksilber	Nicht zugänglich
Mandelsäure	Nicht zugänglich
Zitronensäure	Zugänglich

Damit Sie, liebe Leserinnen und Leser, nachvollziehen können, in welcher Weise die »Notfallapotheke« des Nostradamus Lösungen für die Probleme anbietet, die er in den »Prophezeiungen« voraussagt, schauen wir uns noch einmal ein Beispiel an, das wir in den Texten zum 21. Jahrhundert bereits behandelt haben. Im neunten Textblock beschreibt er die Vernarbung der Haut:

»Zuvor jedoch wird die Haut von weißlichem Eiter, wie Spiegeleier aussehend, bedeckt sein. Nicht mit neuen Medikamenten wird man dies überstehen. Durch Einen, der über den Tod jammert, ein geschlossenes Zeichen gemacht wird. Man errichte Hindernisse gegen eine benachbarte Krankheit und bekämpfe eine Krankheit des Geistes.«

Im achtzehnten Textblock schildert er dann auch die Situation nach dem giftigen Niederschlag über England und Europa:

>Die Gefahr lauert ringsherum, die Anzeichen sind bekannt. Der Urin wankt, riecht faulig und lagert sich im Körper ein. Der Anführer (Erreger) erobert das, was im Chlor ist, am Ort des zweigeteilten Echos [Damit ist, wie schon gesagt, der Darm gemeint, M.D.]. Das Leiden wird benannt werden nach dem hauptsächlichen Symptom. Der arme Leidende. Was für ein Zeitalter. Treffen wird es alle Zeitgenossen tödlich. Versuche, das Knöchrige zum Guten zu bringen, wird es geben. Zuvor ist eine Behandlung mit der Engel Narden erforderlich. Die Entdeckung der Krankheit erfolgt durch Rumoren im Magen und Drei von Zehn sind in sieben Tagen tödlich erkrankt.«

Nach unserem heutigen Verständnis werden hier Erkrankungen beschrieben, die man mit Naturheilmitteln nicht behandeln oder zumindest nicht heilen kann. Dennoch hat sich Nostradamus die Mühe gemacht, den Menschen eine umfangreiche Sammlung von Produkten, Anwendungen und Rezepturen zu empfehlen. Im Folgenden finden Sie beispielhaft Textstellen aus den »Rezepten«, die bei Erkrankungen wie den oben geschilderten noch einmal wichtig werden können.

Nehmen wir uns zunächst die Kapitel vor, in denen der Seher sich mit der Herstellung jener »Medikamente« befasst, die in der »Notfallapotheke« auf gar keinen Fall fehlen dürfen:

Teil 1, Kapitel VI: Um ein perfektes Muskatnuss-Öl
                        herzustellen

Als Nächstes wenden wir uns den Nahrungsmitteln zu, die laut Nostradamus das Überleben ermöglichen und die Heilung fördern:

Muskatöl

Als Beispiel dafür, wie Nostradamus den Einsatz bestimmter Substanzen empfiehlt, picken wir uns das Muskatöl heraus. Dieses Öl ist nämlich nach seinen Worten fast schon ein Allheilmittel, zu dem Nostradamus bei Husten, Übelkeit, Brechreiz und allen Arten von Magenschmerzen rät; außerdem legt er den Menschen nahe, es zur Desinfektion von Haut und Mund zu benutzen.

Wie aber erfolgt die Zubereitung dieses speziellen Muskatöls? Hier ein Beispiel für die oft detaillierten Anweisungen des Sehers:

»Nehmen Sie ein halbes Pfund Muskatnüsse, grob mahlen, dann in einer Pfanne mit 500 Gramm Quellwasser kochen. Die Mischung durch drei oder vier Mal Kochen eindicken. Vom Feuer nehmen. Das Ganze in einen kleinen Beutel frischer Bettwäsche geben, zusammenbinden, in eine Presse legen und unter hohem Druck auspressen.

In der Schüssel sieht man das Öl auf dem Wasser schwimmen. Es ist gelb wie Wachs, mit einem herrlichen Geruch. Durch Lagerung wird die gelbe Farbe zu bräunlicher Farbe, und der Geruch wird noch intensiver.«

Man kann nicht mehr als eine Spur Öl aus einem halben Pfund Muskatnüsse gewinnen. Dies ist jedoch die korrekte und natürlichste Art von allen, um in den Genuss der Wirkung dieses künstlichen Balsams zu kommen. Wir müssen das Muskatöl heute noch nicht selbst herstellen. Man kann das Öl in Apotheken oder auch im Internet bekommen. Folgendes weiß man heute über seine Anwendung und Wirkungen:

Körperliche Wirkungen
Muskatöl wirkt sehr stark anregend auf Körper und Geist. Bei körperlicher Erschöpfung stärkt es und stimuliert Herz und Kreislauf. Dank seiner wärmenden Eigenschaft eignet es sich in Körperölen bei Rheuma, Muskelschmerzen, Muskelkater, Hexenschuss und Durchblutungsstörungen.

Seit Jahrhunderten wird die Muskatnuss als Küchengewürz genutzt. Man schätzte schon früh ihre Wirkung auf den Verdauungstrakt, zum Beispiel bei Blähungen, Übelkeit, Durchfall, Darminfektionen und träger Verdauung. Muskatgeschmack in Gerichten regt den Appetit an und fördert die Produktion von Magensaft.

Seelische Wirkungen
In richtiger (niedriger!) Dosierung bringt Muskatöl Entspannung und geistige Klarheit. Bei Erschöpfung, Lethargie, Apathie und Depressionen erdet es, stärkt und wärmt die Seele. Offenbar vermag die Essenz auch die Traumtätigkeit zu intensivieren.

☠ WARNUNG!!!
Bei Überdosierung ist Muskatöl außerordentlich gefährlich! Bei einer Einnahme von fünf Gramm (= ca. 100 Tropfen) wirkt es für Erwachsene bereits tödlich! Schwangere und Kinder dürfen Muskatöl nicht benutzen! Auch äußerlich ist das Öl sehr sparsam zu verwenden, sonst kann es zu Übelkeit, Benommenheit und Herzrasen kommen. Nicht langfristig verwenden!

Im Folgenden möchte ich Ihnen noch einige weitere Beispiele dafür präsentieren, wie Nostradamus uns mit scheinbar einfachen Mitteln für die Zukunft rüstet. Beginnen wir mit einem Tipp, der als besonders nützlich erscheint, wenn man sich vorstellt, dass man sich nicht mehr auf herkömmliche Art die Zähne putzen kann. Denn wer möchte schon mit entsetzlichem Mundgeruch in eine neue Zukunft aufbrechen?

Lutschpastillen

»Nehmen Sie eine Unze Sägemehl oder Späne von Zypressen-Holz,
sechs Unzen Florentiner Veilchen-Wurzel,
drei Unzen Nelken,
drei Teile Calamus,
sechs Teile Aloe-Holz,
drei- oder vierhundert gefaltete rote Rosenblätter;
im Mörser fein zerstoßen und Rosensaft daraufträufeln.
Anwendung: Ein wenig davon in den Mund nehmen, und
der Atem riecht wunderbar den ganzen Tag!«

Wir lernen daraus für die Zukunft: Veilchen, Nelken, Calamus und Rose wirken in Mund und Hals desinfizierend!

Ein Hinweis des Nostradamus für die Heilung des Zahnfleischs

»Reiben Sie mit ein wenig Honig alle Orte ein, an denen
sich das Zahnfleisch entzündet hat!«

Kleiderreinigung und Desinfektion

»Vier Unzen Florentiner Veilchen-Wurzel,
eine Unze rote Rosen, eine Unze von Gewürznelken,
drei Teile Cyperi (die Wurzel der besonderen Binsen),
ein Teil Zimt,
eine halbe Unze Calamus,
ein Teil von Lavendel,
drei Teile von getrocknetem Majoran,
zwei Teile Orangenschale,
eine Unze Styrax,
je ein Teil Amber und Moschus.
Daraus ein Pulver machen. Mit Rosenwasser übergießen.

Vier Tage stehen lassen. Vor Gebrauch mischen Sie den Inhalt durch kräftiges Schütteln der Fläschchen.
Kleider und andere Textilien eine Stunde einweichen lassen!«

Grüner Ingwer: Mittel für Magen und Unterleib

»Wollen Sie grünen Ingwer einmachen, dann nehmen Sie, obwohl er ›grüner‹ genannt wird, doch bitte jenen Ingwer, der Mecquin genannt wird, weil er von Mecqua kommt, wo Machomet begraben liegt!«

Sie wissen schon, was gemeint ist, oder?
Zu den Vorzügen des eingekochten Ingwers lässt Nostradamus uns Folgendes wissen:

»So viel aber die Kraft und Wirkung des grünen Ingwers anbelangt, dient er vornehmlich für die Weiber, die wegen Unterleibserkältung keine Kinder bekommen, desgleichen bei verkühlten Mägen und bei alten Leuten, bei denen die natürliche Hitze schier erloschen ist. Aber viel mehr nützt er denen, die zum Werk der Liebe untüchtig und zu schwach sind: Die mögen ihn gebrauchen!«

Das Geheimnis des Kandiszuckers
oder der Salmiakpastillen

»Schütte den Zucker heiß in den Topf,
tue einen Topfdeckel darüber und verklebe ihn ganz grob mit Leim, nur darum, dass die Hitze länger darin bleibt, und vergrabe ihn sofort unter warmem Mist!«

Positive Wirkung von Nüssen auf die Gesundheit

Der Verzehr von Nüssen hat laut Nostradamus eine positive Wirkung auf die Gesundheit, besonders auf das Herz-Kreislauf-System!

Mandeln

Auch die Mandeln legt uns der Seher ans Herz: Die Mandeln werden, so schreibt er, nicht zu fein gehackt. Man lässt den angefeuchteten Zucker unter Umrühren flüssig werden, gibt die Mandeln hinein, rührt so lange, bis Mandeln und Zucker eine braune, dickflüssige, blanke Masse bilden; diese schüttet man auf eine leicht mit Öl ausgestrichene Platte und drückt sie mit Hilfe einer Zitrone breit, lässt sie vollständig erstarren und verwendet sie gehackt oder im Mörser gestoßen als Einlage zu Nougatcreme!

Sauerkirschwein

Wem sich bei diesem Stichwort der Magen zusammenzieht, weil er an etwas furchtbar Saures denkt, der mag an sich recht haben. Laut Nostradamus wirkt dieses Getränk allerdings heilsam bei Problemen mit Harnfluss und Leber!

Dies war nur ein kleiner Überblick über Nostradamus' Repertoire an Naturarzneien. Uns heutigen Menschen stehen zum Glück noch andere, dem Anschein nach weit bessere Mittel zur Verfügung, aber die Zeiten können, ja, sie werden sich ändern. Auf jeden Fall lohnt es sich für uns, sich mit den Wirkstoffen, die wir heute haben, intensiv zu befassen und uns zu gegebener Zeit einen Vorrat davon anzulegen. Mein Rat dabei: Behalten Sie die hier angeführten Vorschläge des Nostradamus schon einmal im Gedächtnis!

6 Die zwei Leben des Michel de ???

Ungereimtheiten über Ungereimtheiten

Was war der Grund, was war so bedeutsam, dass der Lebenslauf des »Nostradamus« auf allerhöchsten Befehl gefälscht wurde? Dieser Befehl kam ganz offensichtlich von keiner Geringeren als Katharina von Medici höchstpersönlich, der Königin von Frankreich und Gemahlin Heinrichs II. Den Auftrag dazu erhielt ein gewisser Sr. de Chavigny, welcher der Königin sehr eng verbunden gewesen sein muss, denn es existieren Huldigungsschreiben seinerseits an die Königin. Chavigny veröffentlichte also nach dem Tod des Sehers eine Nostradamus-Biographie, obwohl er keineswegs – was manche behaupten – ein Weggefährte des Michel de Nostredame gewesen ist!

Welche Gründe aber hatten Katharina von Medici bewogen, eine solche Fälschung in Auftrag zu geben? Soweit man weiß, war sie keinesfalls eine Gegnerin des Nostradamus, im Gegenteil. Trotzdem lag ihr offensichtlich daran, dass wichtige Informationen zu Leben und Herkunft des Sehers auch für kommende Generationen im Verborgenen blieben. Es ging um die Erbfolge auf dem Thron Frankreichs!

Es gibt Vermutungen, Nostradamus sei eng mit dem Haus Savoyen verbunden gewesen. An dieser Stelle sind ein paar Informationen zu diesem Herrscherhaus angebracht.

Ludwig XI. (1423 bis 1485, ab 1461 König von Frankreich) war in erster Ehe mit Margarethe von Schottland verheiratet, in zweiter Ehe mit Charlotte von Savoyen, mit der er folgende Kinder hatte:

Anne	(April 1461 bis 14. November 1522); sie wurde 61 Jahre alt.
Jeanne	(23. April 1464 bis 4. Februar 1505); sie wurde 40 Jahre alt.
Karl (= Karl VIII.)	(30. Juni 1470 bis 7. April 1498); er wurde 27 Jahre alt.

Behalten Sie bitte besonders Jeanne, das mittlere Kind, im Gedächtnis! Sie wird uns gleich noch als Jeanne bzw. Johanna von Frankreich interessieren.

Ludwig XII. (1462 bis 1515, ab 1498 König von Frankreich) war der Gemahl der Johanna von Frankreich. Er bestieg im Jahr 1498 nach dem Tod seines Schwagers Karl VIII. den französischen Thron und »übernahm« im Jahr darauf auch die Witwe seines Vorgängers, Anne de Bretagne. Dafür musste er sich allerdings von Karls Schwester Johanna scheiden lassen, was Papst Alexander VI. offiziell genehmigte (nicht ohne Gegenleistungen zu fordern). Ludwig XII. regierte Frankreich bis 1515.

Aus seiner Ehe mit Anne de Bretagne gingen neben der bekannten Tochter Claude (geboren 1499), die später Gemahlin von König Franz I. werden sollte, noch weitere gemeinsame Kinder hervor (man achte auf die Auffälligkeiten):

- ein Sohn, namenlos
  (geboren und gestorben am 21. Januar 1503)

- ein Sohn, namenlos
  (geboren und gestorben am 21. Januar 1508)
- ein Sohn, namenlos
  (geboren und gestorben am 21. Januar 1510)

Was war los im Herrscherhaus des französischen Königreichs, dass alle männlichen Nachkommen nicht einmal den ersten Tag überlebten, alle in Frage kommenden Thronfolger also noch am Tag ihrer Geburt starben? Man kann es wohl kaum anders erklären, als dass offenbar Auseinandersetzungen um die Erbfolge dahintersteckten …

An dieser Stelle kommen wir zu einer weiteren süffisanten und vor allem für uns interessanten Besonderheit, denn Ludwig XII. hatte in jüngeren Jahren, bevor er König wurde, einen unehelichen Sohn namens Michel (1485 bis 1511), der offiziell als Erzbischof von Bourges geführt wird.

Man kann vermuten, dass diesem Michel, dem erstgeborenen Sohn des späteren Ludwig XII. und der Johanna von Frankreich, dank seiner Mutter ältere Erbrechte zustanden als dem Vater selbst. Nun, das würde einiges erklären! Aber betrachten wir zunächst Johannas Lebenslauf:

Johanna von Frankreich (1464 bis 1505) war die Tochter Ludwigs XI. von Frankreich und seiner zweiten Ehefrau, Charlotte von Savoyen. Weitere Namen und Titel Johannas waren: »Jeanne de Valois«, »Sainte Jeanne, Äbtissin von Bourges«, »Herzogin von Orléans« und, natürlich, »Königin von Frankreich«.

Verheiratet war Johanna mit ihrem entfernten Cousin und dem späteren König von Frankreich, Ludwig von Orléans. Die Ehe blieb »offiziell« (Sie wissen ja inzwischen, was damit gemeint ist) kinderlos und wurde, wie schon gesagt, im Jahr

1498 nach der Thronbesteigung ihres Mannes geschieden. Johanna bekam als Abfindung das Herzogtum Berry. Sie selbst zog sich nach Bourges zurück und veranlasste dort im Jahr 1501 die Gründung des Ordens der Annuntiatinnen, dem sie 1504 auch selbst beitrat. Erst Hunderte von Jahren nach ihrem Tod (1505) wurde Johanna zunächst im Jahr 1743 selig- und dann, im Jahr 1950, von Papst Pius XII. heiliggesprochen. Sie ist die einzige Königin von Frankreich, die jemals eine Heiligsprechung erfahren hat. Ihr Namenstag ist übrigens der 4. Februar.

Jener Michel, von dem wir gelesen haben, könnte durchaus Anlass zu Streit um die Erb- bzw. Thronfolge geliefert haben. Er ist zwar tatsächlich unehelicher Geburt, aber später heirateten seine Eltern. Nach ihrer Scheidung wurden dann aber sämtliche männlichen Nachkommen aus der nächsten Ehe Ludwigs XII. auf welche Weise auch immer noch am Tag ihrer Geburt dahingerafft …

Ludwig XII. starb 1515. Jetzt hätte sein unehelicher Sohn, der nachträglich durch Ludwigs Ehe mit Johanna von Frankreich in seine Rechte eingesetzt worden war, eigentlich König von Frankreich werden müssen, wenn er denn noch gelebt hätte! Nach den offiziell überlieferten Daten war er jedoch im Jahr 1511 verstorben. Vielleicht enthält der Lebenslauf des Nostradamus eine Information, die uns an dieser Stelle weiterhelfen kann, denn da gibt es die Episode vom Tod des Großvaters und dem Wegzug des Enkels aus seiner Geburtsstadt Saint-Rémy-de-Provence. Ich will jetzt nicht die ganze Geschichte vor Ihnen ausbreiten, aber festzuhalten bleibt, dass es zu der Zeit, als der König starb, auch im Leben des uns bekannten Nostradamus zu erheblichen Einschnitten kam.

Sollte es sich da womöglich um einen Thronverzicht jenes Michel zugunsten des späteren Franz I. gehandelt haben? Oder war das Ganze vielleicht sogar schon viel früher arrangiert worden?

Weitere Indizien dafür, dass hier etwas nicht stimmen kann, sind durchaus vorhanden. Beginnen wir bei unserem Seher:

Alten Quellen zufolge gibt es einen Nostradamus, der angeblich im Jahr 1525 Verse mit Prophezeiungen hinterlassen hat. Da wäre unser Michel erst zweiundzwanzig Jahre gewesen, wenn denn sein offizielles Geburtsdatum 1503 wirklich stimmt. In diesem Fall kann er es also nicht gewesen sein. Aber wer dann, müsste man fragen!

In den Dokumenten aus dem Jahr 1570, die auf Geheiß Katharinas verfasst wurden, gibt es eine Bemerkung, die besagt, dass Nostradamus' Geburtsdatum (also der 14. Dezember) falsch sei. Angeblich sei es der 21. Januar! Alle Welt starrte bislang auf den Tag und auf den Monat, und niemand beachtete das Geburtsjahr. Es geht aber um das Jahr 1485! Im Zusammenhang mit unseren Vorüberlegungen zum Herrscherhaus von Savoyen eröffnen sich nun ganz neue Perspektiven!

Darüber hinaus liefern auch die Nachkommen aus der Ehe zwischen Ludwig XII. und Anne de Bretagne weitere Indizien. Ich hatte Sie oben bereits gebeten, den diesbezüglichen Daten besondere Aufmerksamkeit zu schenken. Unter ebendiesen Nachkommen wird nämlich auch ein – namenloser – Sohn aufgeführt, der am 21. Januar 1503 geboren und noch am selben Tag gestorben ist. Bitte kombinieren Sie selbst!

Ich möchte nur anfügen, dass Nostradamus in dem Begleittext zu seinen »Rezepten« anmerkt, dass er dreißig Jahre »Urlaub« gemacht habe, bevor er überhaupt anfing zu schreiben ...

Was aber wurde nun von der bisherigen Nostradamus-Forschung übersehen? Die heißeste Spur scheint zu sein, dass Ludwig XII. Vater eines unehelichen Sohnes namens Michel (1485 bis 1511) war, der später Erzbischof von Bourges wurde und als Michel de Buci (1505 bis 1512) in die Liste der Erzbischöfe von Bourges eingetragen ist. Lassen Sie uns einmal rechnen: Geburt des Michel »de Buci« im Jahr 1485 plus dreißig Jahre »Urlaub« des Nostradamus ergeben das Jahr 1515. Etwa zu dieser Zeit lässt man den jungen Michel de Nostredame »flügge« werden!

In der bisher anerkannten Biographie des Sr. de Chavigny liest man allerdings, dass Michel im Jahr 1503 unter dem Geläut der Mittagsglocken in Saint Rémy geboren wurde und mit sechzehn Jahren, also 1519, nach dem Tod seines Großvaters, nach Avignon zum Studieren geschickt wurde. Danach ist dann von der Stadt Montpellier die Rede, in der er sein Medizinstudium beendet habe. Viel mehr erfährt man eigentlich nicht. Da ist noch eine Heirat und die anschließende Geburt zweier Kinder, die früh sterben. Ansonsten gibt es lange keine weiteren Anhaltspunkte, was sein Leben betrifft. Erst nach dem Tod Franz' I. von Frankreich wird wieder detaillierter über die Stationen seines Lebens berichtet. Auch diese Lücke dürfte kein Zufall sein!

Wir werden hier und heute noch keine endgültige Lösung des Problems finden. Es gibt aber eine Reihe von Fragen, die künftige Nostradamus-Forscher klären sollten. Zum Beispiel:

- Warum ließ Anne de Bretagne es zu, dass ihre Söhne von der Thronfolge ausgeschlossen wurden?
- War der am 21. Januar 1503 geborene und noch am selben

Tag gestorbene Sohn, der als namenlos geführt wird, in Wahrheit Michel de Nostredame?

- War der zweite Sohn, der am 21. Januar 1508 geboren wurde und ebenfalls noch am selben Tag starb, in Wahrheit der unter dem Namen François Rabelais bekannt gewordene Franziskaner-Mönch und Dichter?
- Ist der unehelich geborene Sohn des späteren Ludwig XII. und der Johanna von Frankreich erbberechtigt? Hat die Mutter dieses Kindes, Johanna von Frankreich (sie wäre die eigentliche Thronfolgerin gewesen, wenn Frauen den Thron Frankreichs hätten besteigen dürfen), automatisch Rechte an dieses Kind weitergegeben, zumal sie ja später den Vater ihres Kindes heiratete?

Uneheliche Kinder von Adligen gab es zu jeder Zeit genügend, nur waren es meist Kinder, die mit Mägden gezeugt worden waren. Die Zukunft dieser Kinder wurde irgendwie gesichert, aber mehr tat man in der Regel nicht. Anders verhielt es sich jedoch, wenn beide Elternteile dem Hochadel angehörten. In solchen Situationen waren Erbfolgeauseinandersetzungen natürlich vorprogrammiert. Verhinderte Johanna von Frankreich also einen Erbfolgekrieg, indem sie den legitimen französischen Thronfolger davon abbrachte, seine Rechte wahrzunehmen, und ist dies womöglich der wahre Grund, warum der Vatikan sie mit einer Heiligsprechung belohnt hat?

Nostradamus macht in einem seiner Texte eine nebulöse Bemerkung, die mit diesem Hintergrundwissen verständlicher wird, denn er dürfte sie auf sich selbst bezogen haben: »Der König, der verzichtete, hat dafür tausendfachen Frieden und Weisheit eingetauscht.«

Der Nostradamus-Lebenslauf des Sr. de Chavigny

Lassen Sie mich im Folgenden einige entscheidende Passagen in dem von Sr. de Chavigny gefälschten Lebenslauf betrachten und kurz erläutern, wie wir sie heute wohl zu sehen haben:

Chavigny: Michel wurde bereits mit sechzehn Jahren von seinen Mitschülern als der »junge Astrologe« bezeichnet, weil er ihnen ständig die Geheimnisse und das Wesen von Kometen, Sternen und Sternbildern erklären wollte.

Bisherige Auslegung: Sein Lehrer war sein Großvater Jaum. Astrologe zu sein hieß im 16. Jahrhundert auch, dass man ein guter Mathematiker sein musste, weil damals der Stand der Gestirne im Sinne des Wortes »berechnet« werden musste.

Neue Auslegung: Nostradamus war zu diesem Zeitpunkt nicht sechzehn, sondern 31 Jahre alt und hatte bereits eine Karriere als Erzbischof hinter sich. Dass er übrigens, wie es an anderer Stelle in der »Biographie« heißt, bei seiner Tante hauste, sollten wir vergessen. Als ehemaliger Erzbischof hatte er ganz andere Möglichkeiten, sich in der Papststadt Avignon ein Domizil zu suchen!

Chavigny: Nachdem mehrere Pest-Wellen über das Land hinweggegangen waren, wird berichtet, dass Michel im Jahr 1529 wieder nach Montpellier zurückkehren konnte, um sein Medizinstudium fortzusetzen. Etwa zu dieser Zeit hält sich dort ein Franziskanermönch namens Rabelais auf. Er war von der Sorbonne in Paris als Professor verbannt worden und erwarb in Montpellier den Grad eines Doktors der Medizin.

Bisherige Auslegung: Nach 1535 wird Michel Arzt. Er soll auf Wanderschaft nach Nordfrankreich gegangen sein. Angeblich hält er sich auch in Köln auf. Man findet seine Spuren in Toulouse, wo er sich Geld mit der Herstellung von Kosmetika, Parfüm, potenzsteigernden Mittelchen und Verjüngungselixieren verdient. Schließlich gelangt er 1533 nach Agen, einer Hochburg der Katharer, die im Untergrund wirken.

Neue Auslegung: Im Jahr 1533 wäre der uneheliche Sohn Ludwigs XII. etwa 48 Jahre alt gewesen. Bei einem Mann dieses Alters hätten die Herstellung und der Verkauf von Verjüngungsmitteln glaubhafter gewirkt als bei einem gerade mal Dreißigjährigen!

Chavigny: Michel heiratet in Agen ein hübsches, liebenswertes Mädchen aus gutem Hause. Die junge Frau schenkt ihm im Verlauf der nächsten Jahre zwei Kinder, eine Tochter und einen Sohn. Das junge Glück währt jedoch nicht lange, denn Michel muss hilflos zusehen, wie seine eigene kleine Familie in ganz kurzer Zeit einer Infektionskrankheit zum Opfer fällt: Die Frau und die beiden Kinder sterben.

Neue Auslegung: Es gibt keinen Grund anzunehmen, dass dies ein gefälschter Teil der Biographie des Nostradamus ist. Wer eines Tages Punkt für Punkt die Fälschung aufdeckt, wird aber erkennen, dass sich hier die potenzielle Frage einer Erbfolge von Nachkommen des Michel de Nostredame schnell erledigte. Erben wurden geboren – aber sie starben! Es gab sie zwar, aber sie konnten seine Linie nicht fortsetzen.

Zwischenbemerkung: Es folgen zehn Jahre, in denen viel passieren konnte, worüber aber nicht berichtet wird. Erst in der

Zeit nach dem Tod Franz' I., also der Person, die anstelle des Nostradamus den Thron Frankreichs bestieg, beginnt wieder eine detailliertere Schilderung seines Lebens.

Chavigny: Zurück aus Lyon, beginnt sich Nostradamus ab 1547 mehr und mehr an den bereits zuvor beschriebenen Ort Salon-de-Crau (heute Salon-de-Provence) zu binden. In Salon hatte sich einer seiner Brüder, Bertram de Nostredame, mit seiner Frau Thominée niedergelassen. Bertram war Stadthauptmann, und es ist durchaus denkbar, dass er für alle zukünftigen Pestereignisse einen vorzüglichen, erfahrenen Medikus an seine Stadt binden wollte.

Michel de Nostredame heiratet nun eine Bürgerliche: Anne Ponsard, Tochter von Pascale und Thomase Arnaud. Die Hochzeit findet am 26. November 1547 statt. Aus der Ehe gehen insgesamt sechs Kinder hervor, drei Söhne und drei Töchter:

- 1551 Madeleine
- 1553 César
- 1556 Charles,
- 1557 André
- 1558 Anne
- 1561 Diane

Neue Auslegung: Diese Kinder waren im Sinne der Thronfolge »Bastarde«, was ja in früherer Zeit kein Schimpfwort war, sondern eher eine respektvolle Bezeichnung. Man gebrauchte für sie auch den Ausdruck »sie sitzen auf den Stufen des Throns«. Alle diese Kinder wurden nach dem Tod des Nostradamus von der Königinmutter Katharina von Medici in angesehene Familien verheiratet. Der Sohn André, der des

Mordes angeklagt werden sollte, wurde gerade noch rechtzeitig in ein Kloster gesteckt. Kurzum: Für sie wurde zwar gut gesorgt, aber sie hatten keinerlei Anspruch auf den französischen Thron!

Aber rechnen wir noch einmal. Im Jahr 1551 wäre Nostradamus nach den neuen Gesichtspunkten bereits 66 Jahre alt gewesen, zehn Jahre später, bei der Geburt seiner jüngsten Tochter Diane, sogar 76 Jahre. Dass er in diesem Alter noch sechs Kinder zeugen konnte, beweist nun allerdings nicht, dass er doch jünger gewesen sein muss! Gehen wir lieber davon aus, dass er nicht nur der König der Seher war, sondern auch ein wahrer Meister in der Herstellung wirksamer Potenzmittel ...

Und noch ein Wort zu seinem Leben in Salon-de-Provence: Wer dorthin reist und sich die verbliebenen Reste dessen ansieht, was einmal die Lebensumwelt des Nostradamus war, der kann auf den ersten Blick erkennen, dass der Alte getrennt von seiner Familie gewohnt hat. Er selber arbeitete nicht nur, sondern hauste vielmehr in seinen eigenen Arbeits- und Aufenthaltsräumen, von denen man über eine steinerne Wendeltreppe ins eigentliche Wohnhaus gelangt, das seine Frau und ihre sechs gemeinsamen Kinder bewohnten. So blieb es wohl auch bis zum Tod des Nostradamus im Jahr 1566, bei dem er nach unserer neuen Rechnung schon 81 Jahre alt gewesen sein muss!

Das Leben als Autor

Ab 1550 beginnt Nostradamus, in unregelmäßigen Abständen kleine Schriften zu veröffentlichen. Darunter finden sich Ratschläge, wie man gesund bleiben kann, wie man Potenzmittel herstellt, Marmelade einkocht und dergleichen mehr. Er gibt auch Almanache heraus, ein Genre, das in jener Zeit sehr beliebt war. Sie enthielten meist Prognosen für das nächste Jahr, für Wetter, Ernte, Krieg und Frieden, Pest und Kometenerscheinungen in ihrer Eigenschaft als Unglückskünder. Seine Schriften erfreuten sich schon bald großer Beliebtheit, und mit unseren heutigen Worten würden wir sie als »Bestseller« bezeichnen.

Die Verquickung verschiedener Berufe – Nostradamus betätigte sich als Arzt, Astrologe, Heiler, Lebensberater und Psychiater – war für die besseren Kreise im ausgehenden Mittelalter noch durchaus üblich, denn in dieser Zeit versuchten Ärzte stets, bei der Behandlung von Krankheiten auch den Einfluss der Sterne bzw. deren Konstellationen zu berücksichtigen.

Des Nachts saß er also meist auf dem Dach seines Hauses und beobachtete den Sternenhimmel. Tagsüber öffnete er dann das weite Gartentor vor seinem Haus und beriet die Kranken, die ratsuchend zu ihm kamen.

Als wohlhabender Arzt konnte er es sich leisten, seine Niederschriften drucken zu lassen. Das war nicht selbstverständlich, denn zu seiner Zeit war die Gutenbergsche Druckkunst noch neu und überaus kostspielig. »Autorschaft« wurde in diesem Zeitalter noch nicht für so wichtig genommen wie in unseren Tagen, weshalb viele Bücher ohne Angabe des Verfassers erschienen. Nicht so im Fall des Nostradamus, auf dessen Jahrbüchern schon bald stolz sein Name prangte:

Michel NOSTRADAMUS,
Arzt und Astrologe in Salon de Crau en Provence

Unter dem jeweiligen Titel stand dann, in kleinerem Format, ein Vierzeiler, der eine Prophezeiung für das kommende Jahr enthielt. Damit war der Weg vorgezeichnet für sein Hauptwerk, die »Prophéties«. Im Jahr 1555 trat er mit den »Wahren Prophezeiungen des M. Nostradamus« an die Öffentlichkeit. Die erste Auflage erschien am 5. Mai 1555 bei Mace Bonhomme in Lyon. Das erste Buch war noch tags zuvor gebunden worden und wurde am besagten Datum an den ersten Kunden ausgeliefert. Es handelte sich allerdings, wie wir heute wissen, lediglich um eine Teilveröffentlichung. Sie enthielt die ersten drei Centurien und die vierte Centurie bis zum 53. Vers. Innerhalb kurzer Zeit folgten drei weitere Auflagen dieses Werkes, bis am 3. November 1557 die vierte, erweiterte Auflage erschien, nun mit insgesamt sieben Centurien, genauer gesagt bis zum 42. Vers der VII. Centurie.

Der eigentliche Thronfolger besucht seinen Nachnachfolger

Kommen wir nun zu einem weiteren spannenden Punkt im Lebenslauf des Nostradamus, an dem wir die »Biographie« des Herrn Chavigny noch einmal kritisch, das heißt im Lichte unserer neuen Erkenntnisse betrachten sollten. Wenn man sich nämlich vor Augen hält, dass Nostradamus vermutlich der legitime Thronfolger Frankreichs war, dann bekommt so mancher Aspekt eine ganz neue Bedeutung.

Chavigny: In Paris regiert Heinrich II., der zweitgeborene Sohn Franz' I., mit seiner Gemahlin Katharina von Medici. Nostradamus wird nach Paris beordert und erreicht die Stadt am 15. August 1555, am Tag Mariä Himmelfahrt.

Was auch ich 25 Jahre lang übersehen habe, ist, dass die damaligen Regeln innerhalb des französischen Adels vorsahen, dass der jeweils neue König, nachdem er den Thron bestiegen hatte, den Adligen ihre Privilegien bestätigte. Diese Bestätigung war mit einer einmaligen, zehnprozentigen Abgabe aus allen Vermögensteilen des Adligen verbunden. Dafür hatte er später keine weiteren Steuern mehr zu zahlen, solange dieser König auf dem Thron saß. Unter Franz I. hatte der französische Adel übrigens fast fünfzig Jahre lang steuerfrei gelebt, doch dies änderte sich nach dem Tod des Herrschers.

Bislang wissen wir nicht, welche Vereinbarungen zwischen Michel de Nostredame und Franz I. getroffen wurden. Nach dem Tod dieses Regenten jedoch musste sich sein tatsächlicher Thronfolger eine Art Bestätigung holen, falls der eigentliche Thronerbe noch lebte. Genau dies geschah dann wohl im Jahr 1555, auch wenn man die Buchpräsentation der »Prophéties« als offiziellen Anlass für das Treffen zwischen Heinrich II. und Nostradamus ausgab. Dass seit der Thronbesteigung Heinrichs II. mittlerweile schon rund acht Jahre ins Land gegangen waren, könnte daran liegen, dass man erst noch bestimmte Probleme klären und aus der Welt schaffen musste, von denen wir nichts wissen.

Chavigny: Die erste Audienz bei Hofe fällt für Nostradamus sehr positiv aus. Der König und die Königin sind tief beeindruckt und statten Nostradamus mit einem fürstlichen Honorar von 100 Ecus d'Or aus.

In Paris erkrankt Nostradamus sehr schwer. Unklar ist, ob er vor oder nach seiner Erkrankung Wohnsitz bei einem Kardinal nehmen durfte. Bekannt ist nur, dass er »infolge einer Magenverstimmung« für zehn bis elf Tage ans Bett gefesselt ist und sein Zimmer nicht verlassen kann.

Andere Autoren, darunter auch Nostradamus' Sohn César, berichten, dass es sich um einen Gichtanfall gehandelt habe. Wir sollten aber wohl eher von einem Giftanschlag ausgehen, und zwar durch diejenigen, welche die Patriarchenstellung des Sehers in der französischen Thronfolge nicht akzeptieren wollten. Auffallend ist ja, dass Nostradamus bei einem Kardinal einquartiert wurde!

Giftanschläge, sei es auf Könige oder andere Personen, konnten in der damaligen Zeit von den Ärzten übrigens nicht eindeutig und mit Sicherheit nachgewiesen werden. Und selbst wenn für Experten der Verdacht nahelag, so war es doch lebensgefährlich, offen darüber zu sprechen, da den Betreffenden selbst leicht dasselbe Schicksal ereilen konnte! So wurden Giftanschläge im Interesse der weiterlebenden Mehrzahl aller Beteiligten nie als solche bezeichnet. Nach den überlieferten Berichten muss Nostradamus während dieser zehn oder elf Tage furchtbar gelitten haben. Dies spricht eindeutig für Gift, denn ein Gichtanfall ist sicher auch eine sehr schmerzhafte Angelegenheit, aber doch kein so furchtbares Leiden, das einen wie Nostradamus derart hingestreckt hätte. Dass er nun aber diesen Giftanschlag, von dem vermutlich jeder wusste, aber keiner sprach, überlebte, dürfte zum Gegenteil dessen geführt haben, was die Attentäter im Sinn gehabt hatten; für Nostradamus wird dieser Umstand nämlich der eigentliche Durchbruch gewesen sein! In der damaligen Zeit musste sein Überleben wie ein Gottesurteil wirken, was bedeutete, dass von nun an niemand mehr wagen würde, seine Hand gegen den wahren Patriarchen zu erheben.

Es gibt noch ein weiteres Indiz dafür, dass es im Jahr 1555 um eine Bestätigung der Thronfolge gegangen war: Im Jahr 1559 stirbt Heinrich II. bei einem Turnierunfall. Zu diesem Zeitpunkt soll Nostradamus bereits ernsthaft krank gewesen sein, weshalb er keine Reisen mehr unternehmen konnte. So kam es, dass Katharina von Medici ihn in Salon-de-Provence besuchte.

Bisher hatte ich immer angenommen, dass sie ihn in seiner Funktion als bedeutenden Propheten aufsuchen wollte; heute zweifle ich jedoch mehr und mehr an dieser Begründung. Es ging offenbar vielmehr um Angelegenheiten, die Katharina mit dem Patriarchen der Familie zu besprechen hatte!

Gab es in diesem Sinne dann im Jahr 1564 einen offiziellen Abschiedsbesuch beim Patriarchen Nostradamus? Es liegt auf der Hand. Michel de Nostredame wäre zu diesem Zeitpunkt 79 Jahre alt gewesen, und er dürfte den engsten Vertrauten seinen nicht mehr allzu fernen Tod angekündigt haben. Im Herbst 1564, also zwei Jahre bevor er stirbt, empfängt Nostradamus in Salon den offiziellen Besuch Karls IX. in Begleitung von Katharina von Medici. Der Bericht eines Höflings lautet:

>»Der König hielt sich drei Wochen in Salon auf. Am 16. Oktober 1564 speiste er im Château Rénard in Saint Rémy und schlief dort. Am nächsten Tag begab er sich auf den Weg nach Salon. Ihre Majestät kam dort am selben Tag des 17. Oktober, um drei Uhr nachmittags, an. Ihre Majestät wurde krank. In Ihrer Begleitung befanden sich fünfhundert Personen. Die kleine Stadt war viel zu eng für so viele anspruchsvolle Gäste, so dass die Unterbringung des Einzelnen eine einzige Katastrophe war.«

Das ist natürlich ein Text, wie ihn sich Katharina von Medici gewünscht und erbeten hat. Wir müssen aber doch die Frage stellen, warum so viel unternommen wurde, um einen Seher zu besuchen. Diese Frage kann heute zwar noch nicht abschließend beantwortet werden, doch die Antwort dürfte, das wissen wir jetzt schon, in jenem verwirrenden Beziehungsgeflecht des französischen Hochadels zu finden sein.

Nostradamus seinerseits wurde nun immer vergesslicher und debiler. Die Symptome seiner fortgeschrittenen Krankheit waren mit den damals zur Verfügung stehenden Arzneien nicht mehr in den Griff zu bekommen, die Wassersucht schritt immer weiter fort, so dass der Tod nun unausweichlich nahte.

Trotz seines Zustands unternahm Nostradamus jedoch – nach eigenen schriftlichen Anmerkungen in den Prophezeiungsversen – eine letzte Reise ins 35 Kilometer entfernte Arles, wo mittlerweile der König von Jerusalem residierte. Diesem, so schreibt der Seher, habe er etwas »zurückgegeben«, das er leider nicht näher bezeichnet, um anschließend nach Salon heimzukehren. Es muss aber etwas sehr Besonderes gewesen sein, denn warum sonst hätte er als todkranker Mann eine so beschwerliche Reise auf sich nehmen sollen?

Am 17. Juni 1566 schließlich bestellte Nostradamus den Notar M. J. Roche zu sich. Nach einer Vorbesprechung wurde das Testament angefertigt. In der Nacht vom 1. auf den 2. Juli 1566 starb Nostradamus. Sein Sohn César fand ihn bei Sonnenaufgang in seinem Arbeitszimmer. Noch am selben Tag wurde er in einer feierlichen Prozession ins Kloster der Barmherzigen Brüder gebracht und dort in der altehrwürdigen Klosterkirche, in der er sich schon zu Lebzeiten ein Grab gekauft hatte, stehend beigesetzt. Letzteres war nun allerdings ein Privileg, das er sich nicht erkauft haben konnte! Die stehende Beisetzung weist abermals darauf hin, dass er ein hochrangiger Adliger gewesen sein muss.

Seine Witwe ließ eine Grabplatte nach italienischem Vorbild anbringen. Für künftige Forscher hier noch einmal der Text:

»D.O.M.

Ossa clarissimi michaelis nostradami, unius omnium mortalium iudicio digni, cuius pene divino calamo totius orbis ex astrorum influxu futuri eventus conscriberentur. Vixit annos LXII menses VI dies XVII. Obiit salonae anno MD-LXVI. Quietem posteri ne invidete.

Anna Pontia Gemella Salonia coniux optat v[ivat] f[eliciter]«.

Birgt diese Inschrift vielleicht die Lösung aller Rätsel?